总主编 胡云腾
学术总顾问 高铭暄

北京师范大学刑事法律科学研究院
外国刑法典译丛

塞尔维亚刑法典

KRIVICNI ZAKON REPUBLIKE SRBIJE

余秋莉◎译

法律出版社
LAW PRESS · CHINA
北京

图书在版编目(CIP)数据

塞尔维亚刑法典 / 余秋莉译. -- 北京 : 法律出版社, 2023
(北京师范大学刑事法律科学研究院外国刑法典译丛)
ISBN 978 -7 -5197 -7542 -1

Ⅰ. ①塞… Ⅱ. ①余… Ⅲ. ①刑法-法典-塞尔维亚
Ⅳ. ①D954.34

中国国家版本馆 CIP 数据核字(2023)第 023976 号

塞尔维亚刑法典
SAIERWEIYA XINGFADIAN

余秋莉 译

策划编辑 朱 峰
责任编辑 马秋婧 金 姗
装帧设计 臧晓飞

出版发行 法律出版社
编辑统筹 辞书·融出版编辑部
责任校对 杨锦华
责任印制 吕亚莉
经　　销 新华书店

开本 710 毫米×1000 毫米 1/16
印张 11.75 **字数** 171 千
版本 2023 年 6 月第 1 版
印次 2023 年 6 月第 1 次印刷
印刷 北京建宏印刷有限公司

地址:北京市丰台区莲花池西里 7 号(100073)
网址:www.lawpress.com.cn
投稿邮箱:info@lawpress.com.cn
举报盗版邮箱:jbwq@lawpress.com.cn

销售电话:010-83938349
客服电话:010-83938350
咨询电话:010-63939796

书号:ISBN 978-7-5197-7542-1 **定价**:48.00 元
凡购买本社图书,如有印装错误,我社负责退换。电话:010-83938349

总　　序

刑法是惩罚犯罪与保障人权的重器，刑法典是法律体系中的大典。当今世界，各国无不重视制定和修订刑法，不仅实行成文法传统的大陆法系国家均制定了刑法典并不断加以修订，如德国、法国和日本等，而且实行案例法传统的英美法系国家也制定了单行的刑法或者统一的刑法典，前者如英国、美国，后者如印度、新加坡等。用刑法典或者成文刑法维护国家安全和根本利益，保障公民人身和财产权利，保护经济发展和社会稳定，已经成为各国通行的做法和全球化趋势。

新中国成立以来，党和国家高度重视刑事立法。新中国成立之初，中央人民政府就制定了《中华人民共和国惩治反革命条例》《妨害国家货币治罪暂行条例》《中华人民共和国惩治贪污条例》等单行法律，为惩治相关犯罪提供了明确依据。改革开放以后，全国人民代表大会在 1979 年颁布的 7 部重要法律中，就有《中华人民共和国刑法》，这是新中国制定的第一部具有刑法典性质的刑法。此后，为适应严厉打击刑事犯罪的需要，全国人大常委会相继制定了 20 多部单行刑法，并在一些行政和民商事法律中附带规定了刑法的内容。1997 年，全国人民代表大会出于统一刑事立法的考虑，通过系统整合 1979 年刑法、单行刑法和附属刑法规范，全面修订了《中华人民共和国刑法》，这实际上是一部名称上没有加“典”字的刑法典，首次实现了刑法体系的科学化和系统化。

1997 年刑法实施以后，刑法的修改一直采取修正案的形式，全国人大常委会现已出台了 11 个刑法修正案，在不打乱 1997 年刑法体系的基础上，增加、修改和完善了刑法的大量内容。与此同时，国家立法机关还制定了《中华人民共和国反有组织犯罪法》《中华人民共和国反电信网络诈骗法》等含有诉讼程序、工作机制和刑法规范的综合性刑事法律，开创了刑事立法的新模式。

需要指出的是，我国在制定和修改刑法的各个时期中，学术界和立法机关都注意研究、借鉴域外的刑事立法规范和经验。改革开放 40 多年来的立法实践证明，这种坚持"以我为主、为我所用"的做法是实现我国刑事立法不断与时俱进，促进刑法体系现代化的有益举措。进入新时代，为了贯彻习近平总书记 2020 年 11 月在中央全面依法治国工作会议上提出的"坚持统筹推进国内法治和涉外法治"的要求，贯彻落实党的二十大报告关于"统筹推进国内法治和涉外法治"和"以中国式现代化全面推进中华民族伟大复兴"的重大部署，我们更要注重研究借鉴域外法治经验。统筹推进国内法治和涉外法治，实现中国式现代化，其中重要的内容就是法治的现代化，而法治现代化建设需要国际视野，法治现代化的重要特征是法治国际化。故翻译其他国家刑法（典），博采众长为我所用、与我互动，是完善我国刑法、推进刑事法治现代化的必要条件，也是统筹推进国内法治和涉外法治的有力举措。正是出于贯彻落实党中央和习近平总书记统筹推进国内法治和涉外法治的要求，全面、系统地了解、研究、借鉴相关国家刑事立法的最新发展，北京师范大学刑事法律科学研究院与法律出版社密切合作，决定组织翻译、出版一批外国刑法（典）。

回顾历史，在中华法系从自成一体到开放兼收的转变历程中，翻译外国法律（典）的工程功不可没。经查询北京师范大学图书馆、首都图书馆及国家图书馆有关资料，我国翻译、出版代表性国家刑法（典）的活动肇始于清末修法运动，自 1903 年出版邱起霖笔述《印度刑律二卷》到 2023 年 120 年间，约有 138 部刑法（典）译作在国内出版。总体上讲，我国翻译和引介外国刑法（典）的历史大致划分为四个时期。

第一个时期是清末民初时期。清政府决定变法修律后，先于 1904 年设立了修订法律馆，后于 1905 年设立了考察政治馆。在考察西方国家主要是大陆法系国家法律的基础上，作出了变法要效法日本法律制度的抉择。之所以如此，正如时任清廷修律大臣沈家本所言：日本旧时制度，唐法为多。明治以后，采用欧法，不数十年，遂为强国，是岂徒慕欧法之形式而能若是哉？其君臣上下，同心同德，发愤为雄，不惜财力以编译西人之书，以研究西人之学，弃去糟粕而撷其英华，举全国之精神，胥贯注于法律之内，故国势日张，非偶然也。[①] 故在1904年与1905年出版的10部刑法（典）译作中，日本不同版本的刑法占了7部；至1911年辛亥革命前夕，以单行本、法规大全等形式出版的37部刑法（典）译作中，有关日本刑法的有17部。

第二个时期是辛亥革命胜利至新中国成立时期。辛亥革命虽然推翻了清王朝，但是清末修法的影响得以延续，尤其是在刑法方面，民国政府决定：晚清政府仿效大陆法系国家刑法制定并于1911年正式公布的"《大清新刑律》除与民国国体抵触各条应失效力外，余均暂行援用"，故而更名为《中华民国暂行新刑律》。之后，又聘请日本学者参与并参照欧陆日本刑事立法，尤其是德国、日本刑法，相继制定了2部《中华民国刑法》。与此同时，在革命根据地，苏联法律发挥了重要影响。[②] 这一时期翻译出版的7部刑法（典）译作中，2部为德国刑法、3部为苏联刑法。

第三个时期是新中国成立至改革开放时期。新中国成立之后，苏联立法成为新中国借鉴的立法样本，正如日本学者铃木贤所言："对于极其缺乏对西方法律研究积累的当时的中国而言，苏联法成为唯一的参考对象。"[③]因此，在1949年至1979年之间翻译出版的9部刑法（典）译作中，有3部是苏联刑法；其余除1957年法律出版社出版的《印度刑法典》外，都为前苏联国家的刑法。需要指出的是，受国内形势影响，在1962年至1979年之间，并无外国刑法（典）译作出版。

第四个时期是改革开放至新时代时期。这一时期又可分为两个阶段。第一个阶段是20世纪80年代到90年代。在这段时期，虽然更多国家的刑法（典）被翻译进来，而且出现了英美法系国家的刑法（典）译本，但主要还是以大

---

① 参见沈家本：《新译法规大全序》，载沈家本撰：《历代刑法考》（四），邓经元、骈宇骞点校，中华书局1985年版，第2242页。

② 参见范忠信、叶峰：《中国法律近代化与大陆法系的影响》，载《河南省政法管理干部学院学报》2003年第1期。

③ 王志华：《苏联法影响中国法的几点思考》，载《华东政法大学学报》2008年第1期。

陆法系国家刑法的译本为主。据不完全统计，在1980年至2000年之间翻译出版的14部刑法（典）译作中，绝大多数为德国、日本、韩国等属于大陆法系国家或地区的刑法，英美法系国家的刑法仅有1998年四川大学出版社出版的《印度刑法典》与1999年中国政法大学出版社出版的《加拿大刑事法典》。第二阶段为2000年之后。在这一阶段，随着改革开放的深入与法治进程的推进，刑法（典）翻译真正实现了百花齐放。截至2020年出版的近70部刑法（典）译作中，几乎囊括了各大法系、各大陆主要国家的刑法。

近10余年来，许多国家因应新的社会治理要求，频繁修改刑事立法。例如，德国从1998年起对其刑法进行了100余次修订，仅在2021年就修订了8次，对有关互联网犯罪、强迫卖淫罪以及儿童性犯罪的条款进行了大幅修订。自2011年以来，日本也10余次修订刑法，增设了部分缓刑制度，大幅修订性犯罪立法，并对照民法等前置法的修订，调整了相关刑法条文。我国进入21世纪以来，为适应经济社会发展变化和预防惩治犯罪的新情况和新需要，不断修改完善刑事法律。尤其是2013年9月和10月，习近平总书记分别提出了建设“丝绸之路经济带”和“21世纪海上丝绸之路”的合作倡议。截至2023年1月6日，中国已经与151个国家和32个国际组织，签署了200余份共建“一带一路”合作文件。① 中国企业“走出去”面临诸多法律风险，尤其是在企业刑事合规成为全球浪潮以来，如何应对有些国家借“长臂管辖”和企业刑事合规之名，对我国企业进行打压，规避可能发生的刑事法律风险，已经成为中国企业走出国门、保护自身合法权益必须重视的问题。

有鉴于此，北京师范大学刑事法律科学研究院充分发挥本院的专业化和国际化优势，法律出版社充分发挥多语种出版优势，共同设立“外国刑法典译丛”项目，全面系统翻译各主要国家的刑法（典）。首批遴选德国、日本、英国、美国等两大法系代表性国家，新加坡、哈萨克斯坦、俄罗斯等“一带一路”国家以及希腊、墨西哥、芬兰等经济合作与发展组织（OECD）国家的40余部最新刑法

① 参见中国一带一路网，https://www.yidaiyilu.gov.cn/xwzx/roll/77298.htm，2023年2月10日访问。

(典),组织精通英语、法语、德语、日语、俄语等语种的专业人士分批翻译出版。本译丛编审委员会由国内著名刑法学专家组成,特邀请人民教育家、国际刑法学协会名誉副主席暨中国分会名誉主席、中国刑法学研究会名誉会长、中国人民大学荣誉一级教授高铭暄先生担任译丛学术总顾问,最高人民法院大法官、中国法学会案例法学研究会会长胡云腾教授担任总主编,北京师范大学刑事法律科学研究院副院长兼安徽师范大学法学院院长周振杰教授与法律出版社副总编辑张雪纯先生担任编辑委员会主任。希望"外国刑法典译丛"能成为广大读者学习、研究、借鉴域外刑事法律的重要帮手,进而成为推动中国涉外刑事法治建设的外法资源。当然,由于经验不足,水平有限,书中定有不足不妥之处,尚请各位同人批评指正。

编辑委员会

2023 年 3 月 2 日

塞尔维亚刑法典

《塞尔维亚刑法典》颁布及修改历史：

1. 塞尔维亚共和国官方公告2005年10月6日第82/05号颁布；
2. 塞尔维亚共和国官方公告2005年10月14日第88/05号修正；
3. 塞尔维亚共和国官方公告2005年12月2日第107/05号修正；
4. 塞尔维亚共和国官方公告2009年9月3日第72/09号修正；
5. 塞尔维亚共和国官方公告2009年12月29日第111/09号修正；
6. 塞尔维亚共和国官方公告2012年12月24日第121/12号修正；
7. 塞尔维亚共和国官方公告2013年11月27日第104/13号修正；
8. 塞尔维亚共和国官方公告2014年10月10日第108/14号修正；
9. 塞尔维亚共和国官方公告2016年11月24日第94/16号修正；
10. 塞尔维亚共和国官方公告2019年5月21日第35/19号修正。*

---

* 本译本根据最新的2019年版本翻译，主要基于英文版本译出，同时参考了塞尔维亚语版本，两者有不一致的地方，以塞尔维亚语版本为准。——译者注

目　　录

第一编　总　　则

第二编 分 则

第三编 附 则

第一编

总　则

第一章　基本规定

第一条　法无明文规定不为罪，法无明文规定不处罚

法律未规定为犯罪行为的，任何人不得因该行为被判处刑罚或者受到其他刑事制裁。法律未规定刑罚或者其他刑事制裁措施的，任何人不得因犯罪而适用刑罚或者其他刑事制裁措施。

第二条　没有罪责则无刑罚

刑罚和警告措施只适用于对其罪行负有罪责的行为人。

第三条　刑事强制的基础及其限制

保护人类利益以及其他基本社会利益，是界定犯罪、施加刑事制裁以及为遏制犯罪在必要的范围内动用刑事制裁的基础和限制。

第四条　刑事制裁及其一般目的

一、刑事制裁包括刑罚、警告、保安处分和更生保护措施。

二、制定和实施刑事制裁的一般目的为，遏制侵犯或者危及刑事立法所保护的法益的行为。

三、不得对犯罪时未满十四周岁的人实施刑事制裁。但在特别法律规定的条件下，可以对青少年实施更生保护措施和其他刑事制裁。

第二章　塞尔维亚刑事立法的适用

第五条　适用时间

一、对犯罪人适用其实施犯罪时有效的法律。

二、若犯罪后法律经过一次或多次修改的，则适用对犯罪人最为宽缓的法律。

三、若行为人在某个限时法*生效时间内触犯该法所规定的犯罪的，则无论该行为人在何时接受审判，都应当适用该限时法，法律另有规定的除外。

第六条　在塞尔维亚境内的刑事立法适用

一、塞尔维亚刑事立法应适用于在其领土上实施犯罪的任何人。

二、任何人在塞尔维亚船舶内犯罪的，无论犯罪发生时该船舶位于何处，均适用塞尔维亚刑事立法。

三、任何人在正在飞行中的塞尔维亚的民用或者军用航空器内犯罪的，无论犯罪发生时该航空器位于何处，均适用塞尔维亚刑事立法。

四、对于第一款至第三款所述犯罪，如果已在国外提起诉讼或者诉讼已经终结，则只有经过塞尔维亚检察官的许可，才能在塞尔维亚提起公诉。

五、对于第一款至第三款所述犯罪，当犯罪人是外国公民时，可以根据互惠条约将其移交给他国。

第七条　塞尔维亚刑事立法对在国外实施特定刑事犯罪的犯罪人的适用

任何人在塞尔维亚境外犯下本法第三百零五条至第三百一十六条、第三百

---

* 所谓限时法，是指为适应一时的或者特殊的情况而施行于一定期间的法律。当该一定时期的或者特殊的情况已经消灭或者变更，或者因指定的施行有效期间已经终了而失效时，对于在该法规有效期间内的违法行为，仍可以该法规作为处罚的根据。——译者注

一十八条至第三百二十一条以及第三百九十一条至第三百九十三条之 a 规定的犯罪，如果其所犯的罪行与塞尔维亚或其国民有关，适用塞尔维亚刑事立法；因伪造塞尔维亚货币而犯本法第二百四十一条规定的犯罪的，也适用塞尔维亚刑事立法。

第八条　塞尔维亚刑事立法对在国外犯罪的塞尔维亚公民的适用

一、塞尔维亚公民在境外犯本法第七条之外的犯罪的，如果在塞尔维亚境内被抓获，或者被引渡回国的，应适用塞尔维亚刑事立法。

二、在第一款的条件下，如果犯罪人在犯罪后成为塞尔维亚公民的，也适用塞尔维亚刑事立法。

第九条　塞尔维亚刑事立法对在国外犯罪的外国公民的适用

一、外国人在塞尔维亚境外对塞尔维亚或者塞尔维亚公民犯本法第七条之外的犯罪的，如果该人在塞尔维亚境内被抓获或者被遣返回国的，适用塞尔维亚刑事立法。

二、外国人在塞尔维亚境外对外国或者外国公民犯罪，并且依照犯罪地法应被判处五年监禁或者更重的刑罚，如果该人在塞尔维亚境内被抓获且并未被遣返回外国的，适用塞尔维亚刑事立法。除本法另有规定外，法院不得判处比犯罪地更重的刑罚。

第十条　追诉在境外发生的犯罪的特殊条件

一、在本法第八条和第九条规定之下，如有下列情形则不对犯罪人提起公诉：

（一）犯罪人已经在国外服刑完毕的；

（二）犯罪人已经在国外被终审判决无罪的，或者刑罚时效已经届满的，或者犯罪人已经被赦免的；

（三）心智不健全的犯罪人已经在国外被执行有关保安处分措施的；

（四）对于依照外国法律规定需要被害人提交申请才能提起公诉的犯罪，而这种申请未被提交的。

二、在本法第八条和第九条第一款规定之下，仅当依照犯罪地的法律亦应受处罚的，方可提起公诉，否则，除非得到塞尔维亚检察官批准，或者已批准的国际协定有此规定，方可在塞尔维亚国内进行刑事诉讼。

三、在本法第九条第二款规定之下，如果行为发生时根据国际法的一般法律原则被视为刑事犯罪，经塞尔维亚检察官的批准，可在塞尔维亚国内启动追诉，而不论犯罪所在国的法律如何。

第十一条　羁押时间和国外服刑时间的计算

塞尔维亚法院在审判犯罪时，应当考虑犯罪人受到的羁押、因犯罪而导致的其他任何形式的剥夺自由、在引渡程序中的羁押以及其依照外国法院判决在境外所被执行的刑罚等情况，从而对犯罪人的刑罚进行相应折抵。如果所判处的刑罚种类不同，则法院应当在作出相应评估的基础上对犯罪人的刑罚进行相应折抵。

第十二条　法人犯罪的刑事责任

法人犯罪的刑事责任及其刑罚由特别法律规定。

第十三条　本法典总则的适用

本法典的总则规定适用于本法典或者其他法律规定的所有犯罪行为。

第三章　犯　　罪

第一节　犯罪的一般规定

第十四条　犯罪

一、犯罪是由法律所规定的具有违法性和受犯罪心态支配的行为。

二、即便行为已具备法律规定的所有构成犯罪的基本要素,但如果行为不具有违法性或者应受谴责性,则该行为不是犯罪。

第十五条　不作为犯罪

一、如果法律将不采取特定行动规定为犯罪,则该犯罪为不作为犯罪。

二、即使被法律规定为作为犯罪,如果犯罪人以未履行该法定义务的方式达到该犯罪的构成标准的,也可以构成相应的不作为犯罪。

第十六条　犯罪时间

一、犯罪时间为犯罪人实施作为与不作为行为的时间,而与行为结果何时发生无关。

二、共犯的犯罪时间为其实施作为或者不作为行为的时间。

第十七条　犯罪地点

一、犯罪地点既包括犯罪人作为与不作为行为的发生地点,又包括全部结果或者部分结果的发生地点。

二、犯罪未遂的地点包括犯罪行为的发生地点,以及犯罪人意图实现的结果应当发生的地点或者可能发生的地点。

三、共犯的犯罪地点还包括共谋地点。

第十八条　显著轻微的违法行为

一、违法行为显著轻微的，即便该行为已具备犯罪的构成要素，亦不被认为是犯罪。

二、违法行为显著轻微，是指当不存在危害后果，或者危害后果不严重，或者行为人已经消除了危害后果的影响时，行为人的刑事责任轻微，并且就刑事制裁适用的根本目的而言，不需要对行为人适用刑事制裁措施。

三、第一款和第二款的规定，适用于应被判处三年以下监禁或者罚金的犯罪。

第十九条　正当防卫

一、正当防卫行为不是犯罪。

二、为了使自己或者他人免受正在发生的不法侵害，而对侵害人实施的必要的防卫行为，是正当防卫。

三、防卫行为超过防卫限度的，可以减轻处罚。如果是由于极端挑衅或者对侵袭产生的恐惧，从而导致防卫行为超过防卫限度的，则可以免除刑罚。

第二十条　紧急避险

一、紧急避险行为不是犯罪。

二、为了使自己或者他人免受正在发生的无故之危险，而不得已实施的避险行为，而且避险行为造成的损害没有超过危险可能造成的损害的，是紧急避险。

三、避险人因过失而自招危险，或者超过了避险限度的，可以减轻处罚。避险人的避险过限行为存在特定的减轻情节的，可以免予处罚。

四、对危险事态负有处置义务的人员，不适用紧急避险的规定。

第二十一条　强制与威胁

一、在不可抗拒的强制下实施的行为不是犯罪。

二、如果犯罪行为是行为人在受到威胁或者可以抗拒的强制下实施的，可以从轻处罚。

三、在第一款规定的情形下，对他人实施不可抗拒的强制行为的，应当被视为正犯。

第二十二条　罪责

一、如果行为人心智健全，在预谋实施犯罪时明知、应当知道或者本可以预见到其行为是被禁止的，应当承担刑事责任。

二、犯罪人的行为出于过失的，在法律有明确规定情况下应当承担刑事责任。

第二十三条　心智丧失

一、如果行为是在行为人心智丧失状态下实施的，则不构成犯罪。

二、如果行为人由于精神疾病、间歇性精神障碍、智力缺陷或其他严重精神障碍，而不能理解其行为的意义或者不能控制其行为时，则行为人属于心智丧失。

三、如果行为人因存在第二款规定的任何一种情况（心智明显减弱）*，而使得其理解其行为的意义或者控制其行为的能力明显减弱的，可以减轻处罚。

第二十四条　自我招致心智丧失

一、行为人因饮酒、吸毒或者其他行为，导致其在无法理解其行为的意义或者无法控制其行为的精神状态下实施犯罪的，其刑事责任的确定时间为该自招行为实施时。

二、行为人在第一款规定的情形下，由于心智明显减弱而实施了犯罪行为的，不得以此为由对其减轻处罚。

第二十五条　犯罪故意

如果行为人已经认识到自己行为的性质，并且希望或者放任其发生的，为犯罪故意。

第二十六条　犯罪过失

如果行为人已经认识到其行为可能会构成犯罪，但轻率地认为犯罪不会发生或其有能力避免犯罪发生，或者行为人虽然没有认识到其行为可能构成犯罪，但根据犯罪时的情况和他的个人特点，其有义务认识到并且本可以认识到这种可能性，为犯罪过失。

---

* 括号中的内容源自本法典之原文内容，下同。——译者注

第二十七条　加重结果的刑事责任

如果法律为犯罪行为的加重结果规定了更为严厉的刑罚,并且行为人对该加重结果的发生负有过失,或者虽然出于故意但其行为不符合其他犯罪的构成要件,则可以让行为人对该加重结果承担更为严重的刑罚。

第二十八条　事实错误

一、如果一项行为是基于不可抗拒的事实错误而作出的,则不是犯罪。

二、如果行为人不被要求避免或不可能避免对某种特定情节出现错误认识,而该特定情节属于某种犯罪的法定构成要素,或者如果具备该特定情节,则其行为会被允许实施的,则存在不可抗拒的事实错误。

三、如果行为人基于过失发生了认识错误,并且法律对该过失行为规定了刑事责任的,则其应当承担过失犯罪的刑事责任。

第二十九条　法律错误

一、如果一项行为是出于不可抗拒的法律错误而作出的,则不是犯罪。

二、如果行为人不被要求认识到或者不可能认识到其行为是法律禁止的,则存在不可抗拒的法律错误。

三、行为人应当认识到或者本可以认识到其行为是被法律禁止的,可以对其从轻处罚。

第二节　未完成的犯罪

第三十条　犯罪未遂

一、行为人故意实施犯罪,但却未能将该犯罪实施完毕的,如果该犯罪应被判处五年及其以上监禁,则应依照犯罪未遂论处。对于其他的犯罪未遂,则仅在法律有明确规定的情况下才能予以刑事处罚。

二、对于犯罪未遂,按照犯罪既遂处罚,或者比照犯罪既遂从宽处罚。

第三十一条　不能犯未遂

行为人使用不能既遂的工具实施犯罪,或者针对不能既遂的对象实施犯罪的,可以免予处罚。

第三十二条　犯罪中止

一、行为人犯罪未遂，但是自愿放弃犯罪，或者阻止后果发生的，可以免予处罚。

二、如果行为人是由于外部环境的阻止或者严重障碍而未达既遂，抑或由于行为人认为存在此种外部环境而未达既遂的，则不适用第一款的规定。

三、帮助犯、教唆犯自愿阻止犯罪行为实施的，同样可以免予处罚。

四、如果在第一款和第三款规定的情况下，行为人完成了与其放弃的犯罪无关的其他犯罪，则不得以同样理由免除对该其他犯罪的处罚。

第三节　共同犯罪

第三十三条　共同正犯

如果数人共同故意参与实施犯罪，或者共同过失实施犯罪，又或者通过执行共同作出的犯罪决定，通过其他方法故意对犯罪行为的实施提供实质性贡献的，则每一行为人都要承受该种犯罪所对应的刑罚。

第三十四条　教唆

一、故意教唆他人实施犯罪的，按照其所教唆之罪给予刑事处罚。

二、故意教唆他人去实施犯罪，当该犯罪未遂是应受刑法处罚的，即使被教唆者根本没有产生犯罪意图，对教唆者亦应当按照教唆未遂进行处罚。

第三十五条　帮助犯

一、故意帮助他人实施犯罪的，按照该帮助之罪给予刑事处罚，或者减轻处罚。

二、以下行为尤其应被认定为帮助犯：就如何实施刑事犯罪提供指示或者建议的；提供实施刑事犯罪的手段方法的；为实施刑事犯罪创造条件或者消除障碍的；事先承诺掩盖犯罪行为、包庇罪犯、隐匿犯罪工具、消除犯罪痕迹、窝藏犯罪所得的。

第三十六条　共犯的责任及其处罚的限制

一、共同正犯在其犯罪故意或者犯罪过失的范围内承担刑事责任，教唆犯和帮助犯在其犯罪故意的范围内承担刑事责任。

二、排除正犯刑事责任的理由(本法第二十三条、第二十八条和第二十九条),并不能排除共同正犯、教唆犯以及帮助犯的刑事责任,如果他们是有刑事责任的。

三、法律所规定的能够成为免予处罚的或者影响量刑的个人关系、性格特征、外界环境等情节,仅在正犯、共同正犯、教唆犯及帮助犯中存在上述个人关系、性格特征、外界环境时才能予以考虑。

四、并非所有的教唆犯和帮助犯都具备个人关系、性格特征以及外界环境等犯罪构成的基本要素。如果教唆犯和帮助犯不具有上述个人特征的,可以减轻处罚。

第四节　教唆未遂和帮助未遂的处罚

第三十七条　犯罪未遂和更轻的犯罪

一、如果一项犯罪停留在犯罪未遂状态,则教唆者和帮助者应当受到该犯罪未遂的处罚。

二、如果正犯实施的犯罪比教唆犯所教唆之罪或帮助犯所帮助之罪更轻缓,而该更轻缓之罪能够被这种教唆之罪或帮助之罪所包容的,则教唆者和帮助者应当受到该更轻缓之罪的处罚。

三、如果教唆者适用本法第三十四条第二款将受到更严厉的处罚的,则不适用第二款的规定。

第五节　通过公共媒体实施犯罪的刑事责任的特别规定

第三十八条　主编的刑事责任

一、通过在报纸、期刊出版物、广播、电视、新闻片中发布信息而实施犯罪的,所发布信息的作者为正犯。

二、作为第一款的例外,主编或者在信息发布时接替主编的人,如果存在以

下情况,应被视为通过在报纸、期刊出版物、广播、电视、新闻片中发布信息而实施犯罪的正犯:

(一)在初审法院的主要听证会结束之前,该信息的作者仍然不为人知,并且该罪行的法定刑为五年及其以上监禁的;

(二)该信息是在未经作者同意的情况下发布的;

(三)在该信息发布时,对于作者的起诉存在事实上或者法律上的障碍,并且该障碍会持续存在的。

三、主编或者接替主编的人因正当理由不知道第二款第一项至第三项所列情形的,不负刑事责任。

第三十九条 出版者、印刷者和制作者的刑事责任

一、如果存在本法第三十八条规定的情形,则依照下列规定确定正犯:

(一)出版者对通过定期印刷出版物所实施的犯罪承担刑事责任;如果没有出版者或者对其起诉存在事实上或法律上的障碍的,则应当由对此知情的排字员或印刷者承担刑事责任;

(二)制作者对通过光盘、留声机唱片、磁带和其他音频媒介、供公开和私人放映的电影、幻灯片、录像带或者以其他类似的方式,意图面向广泛的群体实施的犯罪承担刑事责任。

二、如果出版者、印刷者、制作者是法人或者国家机构,则由负责出版、印刷或制作工作的相关责任人员承担刑事责任。

第四十条 第三十八条和第三十九条规定的适用

对于本法第三十八条和第三十九条所规定的人员,只有根据本法的一般规定不被视为犯罪的情况下才能适用本法第三十八条和第三十九条的规定。

第四十一条 对信息来源的保护

本法第三十八条和第三十九条所规定的人员,如果没有向法院或主管机构披露信息的作者或信息来源,除非触犯的是应被判处五年及其以上监禁的犯罪,又或者确实有必要防止该犯罪发生的,则不应被视为正犯。

第四章　刑　　罚

第一节　刑罚目的、种类以及适用条件

第四十二条　刑罚的目的

在刑事制裁的一般目的框架内(本法第四条第二款),刑罚的目的是:

(一)防止行为人实施犯罪,并威慑其今后不再实施犯罪;

(二)威慑一般人不敢实施犯罪;

(三)表达社会对犯罪的谴责,增强道德力量,强化守法义务;

(四)实现刑事正义以及罪刑相称。

第四十三条　刑罚种类

可对犯罪人施加的刑罚有:

(一)无期徒刑;

(二)监禁;

(三)罚金;

(四)社区服务;

(五)吊销驾驶执照。

第四十四条　主刑和附加刑

一、无期徒刑和监禁刑只能作为主刑宣告适用。

二、罚金、社区服务和吊销驾驶执照可以作为主刑和附加刑宣告适用。

三、如果对一项犯罪规定了几种刑罚,则只能宣告适用一种刑罚为主刑。

第四十四条之 a　无期徒刑

一、在特殊情况下,对于最严重的犯罪和严重犯罪的最严重形式,可以宣告

适用无期徒刑和监禁刑。

二、对犯罪时未满二十一周岁的行为人，不得宣告适用无期徒刑。

三、当法律规定可以减轻刑罚（本法第五十六条第一项）或者具有免予处罚的情节的，不得宣告适用无期徒刑。

第四十五条　监禁刑

一、监禁刑的刑期为三十日以上二十年以下。

二、第一款中监禁刑的刑期应以年、月为计算单位，如果刑期六个月以下，则应以日为计算单位。

三、对于被判处一年以下监禁的犯罪人，如果根据其个性特征、以前的生活方式、犯罪后的行为表现、罪行的严重程度以及其他犯罪情节，通过判处其在一定期限内不得离开其居住场所的处罚就可以实现预期的刑罚目的，则法院可以决定对其适用在一定期限内不得离开其居住场所的处罚。

四、根据第三款规定的形式服刑的犯罪人不得离开其居住的场所，但刑事制裁执行法另有规定的除外。如果犯罪人离开其居住的场所一次超过六个小时或者在六个小时以内任意离开两次的，则法院应当下达决定让其在监狱中服完剩余的刑期。

五、对于犯有危害婚姻和家庭犯罪的犯罪人，如与被害人生活在同一家庭，则不适用第三款所规定的服刑方式。

第四十六条　假释

一、已经服满三分之二刑期的犯罪人，如果在服刑期间有悔过自新的表现，以致有理由认为其在自由状态下能够表现良好，特别是在剩余刑期内不再犯新罪的，法院应当对其适用假释。在审议是否应对犯罪人适用假释时，应当考虑犯罪人在服刑期间的行为表现、相对于其工作能力而言其工作任务的完成情况，以及其他表明犯罪人在假释期间不会犯新罪的情况。犯罪人因为严重违纪行为而受到两次处罚，已被撤销所获得的福利的，不得假释。

二、在符合第一款所规定的条件下，法院可以对下列犯罪人适用假释：

（一）被判处无期徒刑，但已服刑二十七年的；

（二）构成危害人类罪和侵犯国际法保护的其他权利的犯罪（本法第三百

七十条至第三百九十三条之 a)、性犯罪(本法第一百七十八条至第一百八十五条之 b)、家庭暴力罪(本法第一百九十四条第二款至第四款)、非法生产和流通毒品罪(本法第二百四十六条第五款)、危害塞尔维亚宪法秩序及国家安全犯罪(本法第三百零五条至第三百二十一条)、受贿罪(本法第三百六十七条)和行贿罪(本法第三百六十八条)的;

(三)根据法律规定的有关国家当局打击有组织犯罪、腐败和恐怖主义方面的组织和权限,由主管法院的特别部门在依法进行的诉讼程序中予以定罪的;

(四)最终被判处三次以上监禁的犯罪,但没有一次定罪被消除或者满足消除条件的。

三、法院可以在假释决定中决定,犯罪人必须履行本法第七十三条规定的任何义务以及刑法规定的其他任何义务。

四、在第一款、第二款所规定的情形下,如果假释未被撤销的,则应当认为犯罪人已经服刑完毕。

五、对于因以下犯罪被定罪的人,法院不得适用假释:加重谋杀罪(本法第一百一十四条第一款第九项)、强奸罪(本法第一百七十八条第四款)、与残弱无助者性交罪(本法第一百七十九条第三款)、与儿童性交罪(本法第一百八十条第三款)和滥用优势地位性交罪(本法第一百八十一条第五款)。

第四十七条　假释的撤销

一、犯罪人在假释期间犯有一项或多项应被判处一年以上监禁之罪的,法院应当撤销假释。

二、犯罪人在假释期间犯有一项或多项应被判处一年以下监禁之罪的,或者未履行法院依照本法第四十六条第三款规定所下达的义务的,法院可以撤销假释。在决定是否撤销假释时,法院应当特别考虑犯罪是否有关联性、犯罪动机以及其他表明撤销假释具有正当理由的情形。

三、被假释者因假释前所犯之罪受到审判的,也适用第一款、第二款的规定。

四、法院撤销假释的,应适用本法第六十条、第六十二条第二款的规定,并且宣告适用原判决判处的刑罚。犯罪人根据先前判决执行的刑期应予折抵,但是假释期不计算在内。

五、被假释者在假释期间犯有一年以下监禁的犯罪,法院不予撤销假释的,假释期限应当延长至犯罪人所服刑的刑期。

六、在第一款至第三款所规定的情形下,可以自假释期满之日起二年内撤销假释。

七、被判处无期徒刑的犯罪人,假释期为自假释之日起十五年。

第四十八条　罚金的一般规定

一、罚金的确定与宣告,可以采取日额罚金制的形式(见本法第四十九条),也可以采取特定金额罚金制的形式(见本法第五十条)。

二、对于牟利型犯罪,即使法律未规定可以对犯罪人处以罚金刑,或者法律规定可以对犯罪人处以监禁刑或罚金刑,而法院宣告对犯罪人适用监禁刑为主刑的,法院也可以将罚金刑作为附加刑宣告适用。

第四十九条　日额罚金制

一、适用日额罚金制,应当首先确定日额罚金的天数,然后确定单日罚金数额。最终罚金数额的确定,应当由法院通过日额罚金的天数乘以单日罚金数额计算得出。

二、日额罚金的天数为十日以上三百六十日以下。具体犯罪的日额罚金的天数应当根据量刑的一般规则确定(见本法第五十四条)。

三、单日罚金数额的确定,通过用上一年度行为人的收入和支出的差额除以该年的天数计算得出。单日罚金数额为五百第纳尔以上五万第纳尔以下。

四、为了确定日额罚金数额,法院可要求银行和其他金融机构、政府部门和法人组织提供信息,这些单位组织有义务提供法院所要求的信息,不得援引保护商业秘密或其他秘密的理由予以拒绝。

五、如果无法获得有关行为人收入和支出的翔实资料,或者行为人没有产生任何收入,法院应当根据现有资料大致估算确定单日罚金数额。

六、日额罚金的天数应在以下范围内确定:

(一)所犯之罪应被判处不超过三个月监禁的,应在六十日以下;

(二)所犯之罪应被判处不超过六个月监禁的,应在三十日以上一百二十日以下;

(三)所犯之罪应被判处不超过一年监禁的,应在六十日以上一百八十日以下;

(四)所犯之罪应被判处不超过二年监禁的,应在一百二十日以上二百四十日以下;

(五)所犯之罪应被判处不超过三年监禁的,应当在一百八十日以上;

(六)在罚金刑被设置为唯一刑罚时,其天数应当在该犯罪所规定的罚金刑天数范围之内。

第五十条　特定金额的罚金

一、如果法院无法通过大致估算的方式确定单日罚金数额(本法第四十九条第五款),或者收集这些资料会显著延长刑事诉讼程序时间,法院应在法律规定的罚金刑最低数额与最高数额范围内,宣告一个特定数额的罚金。

二、罚金数额为一万第纳尔以上一百万第纳尔以下。如果是牟利型犯罪,则罚金数额为一万第纳尔以上一千万第纳尔以下。

三、当罚金刑作为主刑宣告时,罚金的数额标准为:

(一)所犯之罪应被判处不超过三个月监禁的,应在十万第纳尔以下;

(二)所犯之罪应被判处不超过六个月监禁的,应在二万第纳尔以上二十万第纳尔以下;

(三)所犯之罪应被判处不超过一年监禁的,应在三万第纳尔以上三十万第纳尔以下;

(四)所犯之罪应被判处不超过二年监禁的,应在五万第纳尔以上五十万第纳尔以下;

(五)所犯之罪应被判处不超过三年监禁的,应当在十万第纳尔以上;

(六)在罚金刑被设置为唯一刑罚时,其数额应当在该犯罪所规定的罚金刑数额范围之内。

第五十一条　罚金刑的执行

一、罚金缴纳的期限应由判决书确定,该期限为十五日以上三个月以下。

在有正当理由的情况下,法院可以允许犯罪人分期缴纳罚金,但缴纳期限不得超过一年。

二、如果犯罪人没有在规定的期限内缴纳罚金,法院将以一定期限的监禁刑代替罚金刑,每一千第纳尔折算为一天监禁,但是监禁期限不得超过六个月,如果宣告的罚金超过七十万第纳尔的,则监禁刑期不得超过一年。

三、如果犯罪人仅缴纳了部分罚金,则法院应将剩余的罚金按照比例折算成一定期限的监禁刑,如果犯罪人缴纳了剩余的罚金,则停止执行监禁刑。

四、未缴纳的罚金可以用社区服务令代替监禁,将每一千第纳尔折算成八小时的社区服务,但是社区服务总期限不超过三百六十小时。

五、犯罪人死亡的,罚金刑不再执行。

第五十二条　社区服务

一、对于应被判处三年以下监禁或者罚金刑的犯罪,可以宣告适用社区服务。

二、社区服务是一项不损害人的尊严、不以营利为目的的对社会有益的工作。

三、社区服务时长为六十小时以上三百六十小时以下。社区服务应在每个月执行六十小时,并应在一个月以上六个月以下的期间内执行完毕。

四、法院在宣告适用社区服务时,应当充分考虑刑罚的目的、犯罪行为的类型、犯罪人的人格特征以及其接受社区服务的意愿。未经犯罪人同意,不得对其判处社区服务。

五、如果犯罪人未能履行完毕所有的社区服务,则法院应用一定期限的监禁刑替代剩余的社区服务,每八小时的社区服务折算成一天的监禁。

六、如果犯罪人已充分履行其在社区服务中的义务,则法院可将宣告的社区服务期限缩短四分之一。

第五十三条　吊销驾驶执照

一、如果行为人使用机动车实施犯罪或者准备实施犯罪的,则可以吊销该行为人的驾驶执照。

二、法院应当确定第一款规定的刑罚期限,该期限为一年以上三年以下,刑期从判决生效之日起开始计算,监禁刑服刑时间不被计算在内。

三、第一款所规定的刑罚可作为附加刑宣告,与监禁刑或罚金刑同时适用,也可以作为应被判处二年以下监禁刑或罚金刑犯罪的主刑。吊销驾驶执照的刑罚不得与禁止驾驶车辆的保安处分措施同时适用。

四、如果犯罪人在驾驶执照被吊销期间驾驶机动车,法院应将吊销驾驶执照的刑罚改为监禁刑,每吊销一年折算成一个月的监禁刑。

第二节 量 刑

第五十四条 量刑的一般规则

一、法院应当根据刑罚的目的,并考虑可能影响处罚轻重的所有减轻和加重情节,尤其是要考虑犯罪人的罪责程度、犯罪动机、对法益侵害的程度、犯罪情境、被害人过错、犯罪人犯罪前的生活状况、其个人情况、其犯罪后的表现以及其他影响到犯罪人性格形成的有关情节,在法律规定的范围内确定对犯罪人的刑罚。

二、在确定特定金额的罚金时(见本法第五十条),法院应当特别考虑犯罪人的经济状况。

三、作为犯罪构成要件的情节不得作为加重或减轻情节予以考虑,除非该情节已经超过成立犯罪或犯罪的某一特殊形态所必需的程度,或者存在两个以上的此种情节,但仅有一种这样的情节就足以界定严重与否的犯罪形态的存在。

第五十四条之 a 仇恨型犯罪量刑的特殊情况

如果因种族、宗教、民族、族裔血统、性别、性取向、他人的性别认同而以仇恨方式实施犯罪,法院应将此类情节视为加重处罚情节,除非法律将其规定为犯罪构成的一个要素。

第五十五条 累犯

一、如果先前被判定犯有故意犯罪的犯罪人再犯故意犯罪,法院应将此种情节视为加重处罚情节,除非距上次定罪或者服刑完毕已经经过五年。

二、除了法律规定可以减轻处罚或者免予处罚,而法院并未如此决定刑罚之外，对于第一款规定的情形，法院也可以在法定刑以下判处刑罚或者从轻处罚。

第五十五条之 a　累犯

对于故意犯罪，并已确定为监禁刑的，当存在以下情形的，法院应在法定刑处罚幅度的中间以上判处刑罚：

（一）如果犯罪人因故意犯罪被两次定罪，且每次犯罪都应被判处一年以上监禁的；

（二）如果犯罪人从服完刑罚获得释放之日起，到犯下新的犯罪，尚未经过五年的。

第五十六条　减轻处罚

在下列情况下，法院可以对行为人判处法定刑以下的刑罚或者减轻处罚：

（一）法律规定减轻处罚的；

（二）法律规定对犯罪人免除刑罚，但法院决定不适用该免除刑罚规定的；

（三）法院认为存在通过减轻处罚即能达到处罚目的的特别减轻处罚情节的。

第五十七条　减轻处罚的限制

一、符合本法第五十六条规定的减轻处罚条件的，法院应在下列限度内减轻处罚：

（一）如果犯罪的最低法定刑是十年监禁，则刑期可减为七年监禁；

（二）如果犯罪的最低法定刑是五年监禁，则刑期可减为三年监禁；

（三）如果犯罪的最低法定刑是三年监禁，则刑期可减为一年监禁；

（四）如果犯罪的最低法定刑是二年监禁，则刑期可减为六个月监禁；

（五）如果犯罪的最低法定刑是一年监禁，则刑期可减为三个月监禁；

（六）如果犯罪的最低法定刑是不超过一年监禁，则刑期可减为三十日监禁；

（七）如果犯罪没有设置最低法定刑，则可以用罚金或者社区服务代替监禁；

（八）如果犯罪的法定刑为罚金，则罚金可以至多减至法定罚金最低数额的一半。

二、作为第一款的例外，法院不得对触犯本法第一百一十四条、第一百三十四条第二款和第三款、第一百七十八条、第一百七十九条、第一百八十条、第二百一十四条第二款和第三款、第二百四十六条第一款、第三款和第四款、第三百五十条第三款和第四款以及第三百八十八条之罪的犯罪人在法定刑以下适用刑罚或者减轻处罚。

三、作为第一款的例外，法院不得对以前因同一犯罪或者同类犯罪被定罪的犯罪人减轻处罚。

四、法院有权免予处罚时，可以不受第一款至第三款规定的减轻处罚的限制。

第五十八条　免予处罚

一、只有在法律明确规定的情况下，法院才可以免除对行为人的处罚。

二、对于过失犯罪，如果犯罪后果对行为人造成了严重的打击，以至于施加刑罚明显不会实现刑罚的目的，法院可以免除行为人的刑罚。

三、对于应被判处五年以下监禁的犯罪，如果行为人在犯罪行为发生之后，在知晓犯罪行为被发觉之前，消除犯罪后果或者赔偿犯罪造成的损失，法院也可以免除行为人的刑罚。

第五十九条　行为人与被害人的和解

对于应被判处三年以下监禁或者罚金的犯罪，如果行为人已经履行了与被害人达成的和解协议中所规定的所有义务，法院可以免除对行为人的处罚。

第六十条　刑罚的合并裁量

一、如果行为人因一个或者数个行为犯下数罪，而该数罪同时受到审判的，法院应当首先确定每个犯罪应被判处的刑罚，然后对所有犯罪宣告单一刑罚。

二、法院应当根据下列规则宣告单一刑罚：

（一）如果被合并审判的数罪中有一项犯罪被确定为无期徒刑的，则法院只应宣告无期徒刑；

（二）如果被合并审判的数罪均被确定为监禁刑的，则法院宣告的监禁刑期应当超过数罪中的最高刑期，低于数罪的总和刑期，且不能超过二十年；

（三）如果被合并审判的数罪均被确定为不超过三年监禁的，则法院宣告的监禁刑期不得超过十年；

（四）如果被合并审判的数罪均只被确定为罚金刑的，则法院宣告的罚金数额为数罪的罚金刑总和，但不得超过一千八百万第纳尔。如果被确定为特定数额罚金刑（见本法第五十条）的，罚金数额不得超过一百万第纳尔，如果数罪中一项或者多项犯罪是牟利型犯罪，则罚金数额不得超过一千万第纳尔；

（五）如果被合并审判的数罪均只被确定为社区服务的，法院宣告的社区服务刑期不得超过三百六十小时，而且执行期限不得超过六个月；

（六）如果被合并审判的数罪中既有被确定为监禁刑又有被判定为罚金刑的，法院应当根据本款第二项至第四项的规定，宣告一个监禁刑和一个罚金刑。

三、如果在合并审判中某一犯罪被规定有罚金刑的，法院应当宣告罚金刑为附加刑，如果法院决定适用两种以上罚金刑的，法院应当根据第二款第四项的规定，宣告一个罚金刑。如果法院既决定适用一个罚金刑为主刑同时也决定适用一个罚金刑为附加刑，则应当根据第二款第四项的规定宣告单一的罚金刑。

四、如果法院在合并审判中决定适用监禁刑和青少年收容教养的，应当根据第二款第二项规定的规则宣告单一的监禁刑。

第六十一条　连续犯

一、连续犯包括由同一犯罪人在时间上连续实施的若干相同的犯罪或同一类型的犯罪，这些犯罪可被视为一个犯罪整体，因为至少需要符合以下两个条件：同一被害人，同一类型的犯罪对象，利用同一情境或者同一稳定关系，同一犯罪地点或者同一犯罪空间，或者同一犯罪意图。

二、对于针对公民个人实施的犯罪，只有行为人是向同一被害人实施犯罪的，才可能构成连续犯。

三、对于数个犯罪行为，如果其行为性质不允许被合并为一罪的，则不能成立连续犯。

四、如果连续犯包括有同一犯罪的较为严重形式和较为轻微形式，则应当认为连续犯构成的是该犯罪的最严重形式。

五、如果构成连续犯的犯罪以数额为成立条件，当行为人是在同一犯罪意图下实施时,连续犯所构成的犯罪数额为各单个犯罪的犯罪数额总和。

六、如果一个犯罪未被包含在法院最终判决成立的连续犯中,则应当将该犯罪作为一个独立的犯罪或者连续犯的一部分处理。

第六十二条　量刑

一、如果已被判处监禁刑的犯罪人因在服刑前所犯下的犯罪而受到审判,或者在执行监禁刑期间或青少年收容教养期间所犯下的犯罪受到审判,法院应当认可先前判处的刑罚为已确定的刑罚,并根据本法第六十条的规定,对所有犯罪宣告一个单一刑罚。犯罪人已服完的刑期或部分刑期,应当在新判处的刑期中予以折抵。

二、对于在执行监禁刑期间或青少年收容教养期间犯下新罪的犯罪人,如果考虑到其犯罪的严重性和先前量刑的剩余刑期,适用本法第六十条的规定将无法实现刑罚目的,则法院可以不受先前判处的刑罚的拘束,对犯罪人作出新的判决。

三、犯罪人在监禁或青少年收容教养期间又犯法定刑为罚金或者不超过一年监禁之新罪的,应当受到纪律处分。

第六十三条　审前羁押和处罚的折抵

一、审判前被羁押的时间、执行禁止离开公寓措施的时间以及与犯罪有关的任何其他限制自由的时间,应当在所宣告的监禁刑、罚金刑和社区服务中予以折抵。

二、如果在一个刑事程序中对数项犯罪进行合并追诉,并且未对其中的每一项犯罪都下达了审前羁押令,则审前羁押的时间应当在对该犯罪人所宣告的监禁刑、罚金刑和社区服务中予以折抵。

三、当犯罪人的犯罪行为同时也符合违警行为、商业违法行为、违背军事纪律行为的构成要件时,犯罪人因违警行为、商业违法行为而已经被羁押的时间、已经支付的罚金,或者因违反军事纪律而已执行的以剥夺自由为内容的刑罚、纪律措施,应当在对该犯罪人宣告的刑罚中予以折抵。

四、对于每项折抵,审前羁押一日、剥夺自由一日、监禁刑一日、执行禁止离开公寓措施一日、社区服务八小时和罚金一千第纳尔,应视为等同。

第五章 警告措施

第一节 缓刑与司法训诫*

第六十四条 缓刑和司法训诫的目的

一、警告措施包括缓刑和司法训诫。

二、在刑事制裁的一般目的范围内(本法第四条第二款),缓刑和司法训诫的目的不是对犯罪人处以较轻的刑事处罚,而是因为可以预见以适用刑罚相威胁的训诫(缓刑)或者单独警告(司法训诫)便足以威慑犯罪人,使其不再实施新的犯罪。

第六十五条 缓刑

一、在决定对犯罪人适用缓刑时,法院应当同时宣告,如果犯罪人在法院规定的期间内不犯新罪的,则其所判刑罚不予实际执行,该期限应在一年以上五年以下(缓刑考验期)。

二、如果犯罪人没有返还犯罪收益,没有赔偿犯罪造成的损失或者没有履行刑法规定的其他义务,则法院可以在缓刑令中责令执行刑罚。法院应当规定在缓刑考验期的范围之内确定犯罪人履行义务的时间表。

三、被宣告的保安处分措施应与缓刑一同执行。

第六十六条 宣告缓刑的条件

一、对于应被判处二年以下监禁的犯罪,可以适用缓刑。

---

* 《塞尔维亚刑法典》在本章中仅设立了此节规定。——译者注

二、对于应被判处八年以上监禁的犯罪,不得适用缓刑。

三、对于故意犯罪,自判处监禁刑或者假释的判决生效之日起超过五年的,不得适用缓刑。

四、在决定是否宣告缓刑时,法院应当在考虑缓刑目的之后,特别考察犯罪人的性格、犯罪前一贯表现、犯罪后表现、罪责程度以及其他犯罪情节。

五、如果犯罪人被同时判处监禁刑和罚金刑的,则仅能对监禁刑适用缓刑。

第六十七条　因犯新罪而撤销缓刑

一、犯罪人在缓刑期间犯下一项或者多项犯罪,并被判处二年及其以上监禁的,法院应当对其撤销缓刑。

二、如果犯罪人在缓刑期间犯下一项或者多项犯罪,并被判处二年以下监禁或者罚金,法院应在审议与罪行和犯罪人相关的所有情况,特别是前后罪行是否具有一致性、罪行轻重以及犯罪动机后,决定是否对其撤销缓刑。如果犯罪人因缓刑判决中所确定的犯罪和新罪而被判处二年以上监禁,法庭应当严格遵循不得适用缓刑方面的禁令(本法第六十六条第一款)。

三、法院撤销缓刑的,应当承认先前判处的刑罚,并根据本法第六十条的规定,对旧罪和新罪宣告一个单一的监禁刑。

四、法院不撤销缓刑的,可以宣告缓刑或者对新罪判处刑罚。如果因新罪被判处监禁刑,则该监禁刑的执行时间,不得与先前犯罪所判缓刑的缓刑期相折抵。

五、法院决定对新罪也宣告缓刑的,应当适用本法第六十条的规定,对旧罪和新罪同时判处一个刑期,并应当确定新的缓刑考验期,缓刑考验期应为一年以上五年以下,从新判决的生效之日起计算。如果犯罪人在新的缓刑考验期限内再次犯罪的,法院应当适用第三款的规定,撤销缓刑,执行监禁刑。

第六十八条　因漏罪而撤销缓刑

一、如果法院在宣告缓刑之后,发现犯罪人在缓刑宣告之前有漏罪,并且法院认为如果当时知道有此漏罪便没有理由宣告缓刑,则应当适用本法第六十七条第三款的规定。

二、如果法院决定不撤销缓刑,则适用本法第六十七条第四款的规定。

第六十九条　因未履行特定义务而撤销缓刑

如果法院在宣告缓刑的同时，命令犯罪人履行本法第六十五条第二款规定的特定义务，而该犯罪人未能在判决规定的期限内履行该义务的，则法院可以在缓刑的考验期内延长犯罪人履行义务的最后期限，或者可以撤销缓刑而裁定对犯罪人执行原判刑罚。如果法院确定犯罪人不能履行义务具有正当理由的，则法院可以免除犯罪人的义务，或者以法律规定的另一项适当义务取代之。

第七十条　撤销缓刑的时间限制

一、在缓刑考验期内可以撤销缓刑。如果犯罪人在考验期内犯下需要撤销缓刑的犯罪，而该犯罪是在缓刑考验期届满后通过判决确定的，则法院可以最迟于缓刑考验期届满之日起一年内撤销。

二、犯罪人未在规定期限内履行本法第六十五条第二款规定的义务的，法院可以自缓刑考验期满之日起一年内，对犯罪人裁定执行原判刑罚。

三、在执行完缓刑后发现犯罪人在被宣告适用缓刑之前有漏罪，并且由于该漏罪而不应对犯罪人宣告缓刑的，法院可以自缓刑考验期满之日起一年内撤销。

第七十一条　附保护性监管措施的缓刑

一、对于适用缓刑的犯罪人，法院可以裁定在缓刑考验期间内进行保护性监管。

二、保护性监管措施包括协助、照顾和法律规定的其他保护性措施。

三、如果法院在进行保护性监管的过程中确定该项措施的目的已经实现，则可以在规定期限届满前终止保护性监管措施。

四、如果受保护性监管的犯罪人不履行法院命令的义务，法院可以对该犯罪人提出警告，或者以另一项义务替代先前的义务，或者在缓刑考验期限内延长保护性监管措施，或者撤销缓刑。

第七十二条　裁定适用保护性监管措施的条件

一、在宣告缓刑时，如果考虑到犯罪人的个性、犯罪前一贯表现、犯罪后的态度，特别是他对被害人的态度以及其他犯罪情节，可以认为保护性监管措施有助于实现缓刑目的的，则法院可以裁定对该犯罪人进行保护性监管。

二、法院在宣告缓刑的判决中命令进行保护性监管，并确定保护性监管措施的具体内容、实施期限和执行方式。

第七十三条 保护性监管措施

保护性监管可以命令犯罪人履行以下一项或者多项义务：

（一）在主管机关规定的期限内，向主管机关报告保护性监管的执行情况；

（二）进行特定的职业培训；

（三）接受与自身能力相符的工作；

（四）履行赡养家庭、照顾和抚养子女以及其他家庭义务；

（五）如果可能会产生犯罪机会或者成为再次犯罪的诱发因素，则不得前往该特定地点、特定机构或者参加该特定活动；

（六）及时向主管机关报告居住地址、工作地址或者地点的变更情况；

（七）不得滥用药物和酒精；

（八）在有资质的医疗机构接受治疗；

（九）访问特定的职业机构和其他咨询中心，并遵守其指示；

（十）消除或者减轻犯罪造成的损害，特别是与被害人进行和解。

第七十四条 保护性监管措施的选择

在选择本法第七十三条规定的义务时，法院应当特别考虑犯罪人的年龄、健康状况、生性喜好和习惯、犯罪动机、犯罪后的行为表现、早期行为、个人和家庭状况、履行命令义务的能力以及与犯罪人的人格有关的其他情况，这些情况与法院选择保护性监管措施的种类及其期限有关。

第七十五条 保护性监管措施的期限

一、保护性监管措施的期限不超过缓刑的考验期限。

二、保护性监管措施应当随着缓刑的撤销而撤销。

三、在保护性监管期间，法院可以根据欲达到的效果，取消某一特定义务或者将其替换为其他义务。

四、如果在保护性监管执行期间内，法院确定该措施的目标已经实现，则可以在规定期限届满之前终止保护性监管措施。

第七十六条　不履行保护性监管义务的后果

如果被采取保护性监管措施的犯罪人不履行法院命令的义务，法院可以对其提出警告或者替换成其他的义务，或者在缓刑期内延长保护性监管措施的期限或者撤销缓刑。

第七十七条　司法训诫

一、对于应被判处一年以下监禁或者罚金的犯罪，如果存在减轻处罚的情节而致使其犯罪情节特别轻微的，则法院可以对其宣告司法训诫。

二、对于特定的犯罪，在符合法律规定的条件下，即使此犯罪应被判处三年以下监禁，法院也可以对其宣告司法训诫。

三、在合并审判数罪时，如果数罪中的任一犯罪均符合第一款、第二款的规定，则法院可以宣告司法训诫。

四、在决定是否对犯罪人宣告司法训诫时，法院应当在考虑训诫目的的基础上，特别考虑犯罪人的个性、犯罪前的一贯表现、犯罪后的行为表现，尤其是其对被害者的态度、罪责程度以及犯罪时的其他情况。

五、不得对犯有危害塞尔维亚军队犯罪的武装组织成员宣告司法训诫。

第六章　保 安 处 分

第七十八条　保安处分的目的

在刑事制裁的一般目的(本法第四条第二款)范围内,保安处分的目的是消除可能引发犯罪人今后实施刑事犯罪的环境或者条件。

第七十九条　保安处分的类型

一、可以对行为人采取以下保安处分措施:

(一)在医疗机构进行强制性精神病治疗和监禁;

(二)在行为人自由状态下进行强制精神病治疗;

(三)强制戒除毒瘾;

(四)强制戒除酒瘾;

(五)禁止从事某种职业、进行某种活动或者担任某种职务;

(六)禁止驾驶机动车;

(七)没收物品;

(八)将外国人驱逐出境;

(九)公布判决书;

(十)禁止与被害人进行会面和交流;

(十一)禁止参加某些体育赛事。

二、在本法规定的条件下,如果心智丧失的精神病人实施了法律所规定的犯罪行为,可以对其采取某些保安处分措施(本法第八十条第二款)。

第八十条　保安处分的裁定

一、如果存在本法规定的事由,法院可以对犯罪人采取一项或者多项保安处分措施。

二、强制性精神病治疗和在医疗机构中的监禁措施，以及在自由状态下的强制性精神病治疗，应当作为对实施犯罪行为的心智丧失的精神病人的单独制裁。除此之外，还可以对其裁定禁止从事某种职业、进行某种活动或者担任某种职务，禁止驾驶机动车以及没收物品。

三、如果行为人的精神能力明显减弱，法院在对其宣告刑罚或者缓刑时，可以同时裁定对其采取第二款规定的措施。

四、如果犯罪人被宣布刑罚、缓刑、司法训诫或者犯罪人被免予处罚，可下令强制戒除毒瘾，强制戒除酒瘾，禁止从事某种职业、进行某种活动或者担任某种职务，禁止驾驶机动车，没收物品和公布判决。

五、如果行为人被判处刑罚或者缓刑，法院可以对其适用将外国人驱逐出境和禁止其参加某些体育赛事的保安处分措施。

六、如果行为人受到罚金、社区服务、禁止驾驶机动车、缓刑和司法训诫的处罚，则法院可以对其采用禁止与被害人会面与交流的保安处分措施。

七、对于合并审理的数个犯罪，如果法庭对数罪中的一罪宣告了保安处分，则法庭应当裁定适用该保安处分措施。

第八十一条　在医疗机构进行强制性精神病治疗和监禁

一、对于在精神能力严重受损的状态下实施犯罪的行为人，法院应当对其裁定适用在医疗机构接受精神病治疗和监禁的保安处分措施：如果根据行为人所犯罪行和精神障碍情况，可以确定行为人可能会犯下更严重的罪行，那么为了消除这种危险，则需要将行为人监禁在医疗机构进行强制性精神病治疗。

二、如果满足第一款的规定条件，对于犯下法律所规定的罪行的精神障碍者，法院应当裁定对其适用在医疗机构接受强制性精神病治疗和监禁的保安处分措施。

三、当法院确定在医疗机构对行为人进行治疗和监禁的必要性已经消除时，应当停止第一款和第二款所规定的措施。

四、如果第一款规定的措施与监禁刑同时适用，则其期限可长于宣告的监禁刑期。

五、对于在精神能力严重受损的状态下实施犯罪并被判处监禁刑的犯罪人,在医疗机构中接受治疗的时间,应当与已宣告的刑期相折抵。如果在医疗机构的时间少于所宣告的刑期,法院应在保安处分措施终止后裁定将犯罪人遣回监狱服完剩余刑期或者予以假释。除本法第四十六条规定的条件外,在考虑准予假释时,法院应当特别考虑犯罪人的治疗效果、健康状况、在医疗机构中度过的时间以及剩余刑期的长短。

第八十二条　在自由状态下进行强制性精神病治疗

一、如果法院确定行为人存在再次实施法律所规定的犯罪行为的危险,并且在自由状态下进行强制性的精神病治疗便足以消除这种危险,则法院应当裁定对该行为人适用在自由状态下进行强制性精神病治疗的保安处分措施。

二、对于在医疗机构接受强制性精神病治疗和监禁的行为人,如果根据治疗结果发现,其不再需要在医疗机构接受进一步的治疗和监禁,在自由状态下接受治疗即可,则法院应当裁定对行为人采取第一款规定的措施。

三、如果其根据本法第八十一条第五款的规定,对心智明显减弱的犯罪人适用缓刑或者假释,在符合第一款规定的条件下,法院应当对犯罪人适用在自由状态下进行强制性精神病治疗的保安处分措施。

四、如果确有必要,在自由状态下接受强制性精神病治疗的犯罪人,可以定期前往某一特定的医疗机构接受治疗,以确保治疗成功,但在医疗机构中接受连续治疗的时间不得超过十五日,且累计时间不得超过两个月。

五、在自由状态下的强制性精神病的治疗期限应当根据其治疗需要而定,但是最长不得超过三年。

六、在第一款至第三款所规定的情况下,如果行为人在自由状态下不接受治疗,或者自愿放弃治疗,或者虽然接受了治疗,但仍然被认定有再次犯下法律所规定的犯罪行为的危险,因此需要在适当的医疗机构进行治疗和监禁,法院可以裁定对行为人适用在医疗机构进行强制性精神病治疗和监禁的保安处分措施。

第八十三条　强制戒除毒瘾

一、对于因吸食毒品而犯罪的行为人,如果其因毒瘾有继续实施犯罪行为的严重危险,则法院应当裁定对其适用强制戒除毒瘾措施的保安处分措施。

二、第一款规定的措施应在监狱机构或适当的医疗机构或其他专门机构执行,行为人的治疗期限应当根据治疗需要而定,但不得超过三年。

三、当第一款规定的保安处分措施与监禁刑同时适用时,该保安处分措施的适用期限可以超过所宣告的监禁刑期,但总的适用期限不得超过三年。

四、在医疗机构接受治疗的时间应当与监禁刑期折抵。

五、如果第一款所规定的保安处分措施与罚金、缓刑、司法训诫、免除刑罚同时适用,则法院应当裁定让行为人在自由状态下接受治疗,但治疗期限不得超过三年。

六、如果没有正当理由,行为人在自由状态下不接受治疗,或者行为人自愿放弃治疗,则法院应当裁定在适当的医疗机构或其他专门机构对其进行强制性治疗。

第八十四条　强制戒除酒瘾

一、对于因酗酒上瘾而实施犯罪的行为人,如果因为酒瘾而存在继续实施犯罪的严重危险,法院应当裁定对其适用强制戒除酒瘾的保安处分措施。

二、对于第一款规定的保安处分措施,应当在监狱机构中执行,或者在适当的医疗机构或其他专门机构中执行,其执行期限应当根据强制戒除需要而定,但不得超过已宣判的刑期。

三、在医疗机构内的治疗时间应当与监禁刑期相折抵。

四、如果第一款所规定的保安处分措施,与罚金、缓刑、司法训诫或者免予处罚同时适用,则法院应当裁定让行为人在自由状态下接受治疗,但该治疗期限不应当超过二年。

五、如果没有正当理由,行为人在自由状态下不接受治疗,或者自愿放弃治疗,法院应当裁定让其在适当的医疗机构或其他专门机构中接受强制性治疗。

第八十五条　禁止从事某种职业、进行某种活动、担任某种职务

一、如果法院有充分理由相信,行为人继续从事某种职业、进行某种活动、担任某种职务会有再次犯罪的危险,则法院可以禁止行为人从事与处置、使用、管理、处理他人财产或照管该财产有关的特定职业、活动或者担任与之相关的全部或部分职务。

二、第一款规定的禁止从事某种职业、进行某种活动或担任某种职务的期限应当在一年以上十年以下,从最终判决生效之日起开始计算。但是,犯罪人在监狱中服刑的时间或者在医疗机构中度过的时间不能计算在内。

三、如果在执行缓刑期间,行为人违反了禁止从事某种职业,进行某种活动或担任某种职务的规定,则法院可以裁定撤销缓刑。

第八十六条 禁止驾驶机动车辆

一、行为人有危害道路安全的犯罪行为的,法院可以禁止其驾驶机动车。

二、法院在判决适用第一款规定的措施时,应当确定被禁止驾驶车辆的车型和类别。

三、如果根据行为人所犯罪行的严重性、犯罪发生的情况、行为人曾经违反交通规则的行为,法院认为允许该行为人驾驶某一车型、类别的机动车是危险的,则法院可以对其裁定适用第一款所规定的保安处分措施。

四、第一款所规定的禁止驾驶机动车的期限应当在三个月以上五年以下,从判决生效之日起计算,并且,行为人在监狱中服刑的时间或者在执行安保或康复措施的机构中度过的时间不得计入本措施的期限。

五、如果对持有外国驾驶执照的行为人适用第一款所规定的保安处分措施,则法院应当明确禁止该行为人在塞尔维亚境内驾驶机动车辆。

六、如果行为人在缓刑执行期间违反机动车驾驶禁令,法院应当裁定撤销缓刑。

七、法律可以规定禁止驾驶机动车辆的强制性禁令。

第八十七条 没收物品

一、对于被设计用于实施犯罪的物品、被用于实施犯罪的物品、由犯罪行为所创造的物品,如果有被再次用于实施犯罪的危险,出于维护公共安全利益的考虑或基于公序良俗方面的原因,法院可以裁定适用没收物品的保安处分措施。

二、适用这一保安处分措施不得损害第三人要求犯罪人赔偿损害的权利。

三、法律可以设置强制没收物品和/或强制销毁物品的措施。在某些特殊情况下,法律还可以规定没收特定物品的条件。

第八十八条　将外国人驱逐出境

一、法院可以裁定将犯罪的外国人驱逐出境,驱逐期限为一年以上十年以下。

二、在审议裁定适用第一款所规定的措施时,法院应当考虑犯罪的实施时间和犯罪的严重性、犯罪动机、犯罪方式以及宣告外国人不受塞尔维亚欢迎的其他情形。

三、驱逐期限从裁定生效之日起开始计算,并且在监狱中度过的时间不能折抵该措施的期限。

四、对于根据批准的国际条约所保护的外国人,不得适用第一款所规定的措施。

第八十九条　公布判决

一、法院在审判通过媒体实施的犯罪或者危害他人生命和健康的犯罪时,如果公布判决有助于消除或者减少这种犯罪的危险,法院可以决定在同一媒体上,或者以其他适当方式全文或者节选地公布判决,费用由犯罪人承担。

二、法律可以规定强制公布判决。在这种情况下,法院应当决定判决在何种媒体上公布,以及是以全文还是以摘录的形式公布。

三、判决的公布应当不迟于相关裁决生效之日后三十日内进行。

第八十九条之 a　禁止与被害人会面或者沟通

一、法院可以禁止犯罪人与被害人会面,禁止犯罪人进入被害人住所或者周围场所地区,以及禁止犯罪人进一步骚扰或者与被害人进一步沟通,如果法院有理由认为犯罪人进一步采取这些行动会对被害人造成危险。

二、法院应确定第一款规定的措施的期限,期限为六个月以上三年以下,在执行保安措施的监狱或者卫生机构中度过的时间,不得折抵该措施的期限。

三、如果第一款规定的措施所依据的理由已经消除,则应当在确定的期限届满之前撤销该措施。

第八十九条之 b　禁止参加特定的体育赛事

一、如果法院认为为了维护公共安全确有必要,可以裁定禁止犯罪人参加特定体育活动。

二、第一款规定的措施应以下列方式实施：犯罪人有义务在某些体育赛事开始前，立即在犯罪人当前所在区域的区警察总部或者警察分局向主管人员报告，并在体育赛事期间居留在其处所内。

三、法院应当确定执行第一款所规定措施的期限，期限应当为一年以上五年以下，从判决生效之日起计算，在监狱中度过的时间不折抵这一措施的期限。

四、如果法院对犯罪人宣告适用缓刑，而犯罪人违反了禁止参加某些体育赛事的禁令，或者不遵守第二款的规定，则法院应当决定是否应撤销缓刑。

五、法律可以强制禁止参加特定的体育赛事。

第九十条　法院决定终止保安处分措施

一、法院可以自执行之日起满三年后，作出终止禁止从事某种职业、进行某种活动或者担任某种职务，以及禁止驾驶机动车的保安处分措施的决定。

二、法院在审议是否应当作出终止适用第一款的保安处分措施的决定时，应当考虑犯罪人在定罪后的行为表现：是否赔偿了犯罪所造成的损失，是否返还了通过实施犯罪获得的物质利益，以及其他表明有理由终止此类措施的情形。

第七章　没收犯罪收益

第九十一条　没收犯罪收益根据

一、任何人不得保留通过犯罪所获得的物质性收益。

二、对于第一款所规定的犯罪收益，应当根据本法典规定的条件和判定犯罪的法院的决定予以没收。

第九十二条　没收犯罪收益的条件和方式

一、犯罪人通过犯罪所获得的金钱、有价物以及其他一切物质性收益均应没收，如果无法没收上述犯罪收益，则犯罪人有义务提供与犯罪行为所得的财产或因犯罪行为产生的财产价值相当的其他财产，或者支付与所得的犯罪收益相当的金钱数额。

二、如果犯罪收益已经被无偿或者明显低于其实际价值的对价转移给法人或自然人，则法院也可以从该法人或自然人处没收犯罪收益。

三、如果犯罪人系为他人获得犯罪收益，则该犯罪收益应当予以没收。

第九十三条　保护被害人

一、如果在刑事诉讼中，被害人的财产诉讼请求被认可，则法院仅能没收超出被害人诉讼请求之外的犯罪收益。

二、如果在刑事诉讼中，被害人被指示去提起主张财产权利的民事诉讼，则被害人可以在该指示决定生效之日起六个月内提起民事诉讼，向法院请求从所没收的犯罪收益中赔偿其财产损失。

三、如果被害人在刑事诉讼期间未提出财产赔偿请求，则其在知晓没收犯罪收益的裁决之日起三个月以内，并且在没收犯罪收益的裁决生效之日起三年内，可以向法院请求从所没收的犯罪收益中获得赔偿。

四、在第二款和第三款所规定的情况下，被害人必须在认可其财产诉求的法院决定生效之日起三个月内，要求从所没收的犯罪收益中获得赔偿。

第八章　定罪的法律后果

第九十四条　定罪的法律后果

一、犯特定犯罪或者被处特定刑罚，可能会产生停止实施、剥夺特定权利或禁止获得特定权利的法律后果。

二、对于被判处罚金刑、缓刑并且未被撤销、司法训诫或者免予处罚的犯罪人，不产生定罪的法律后果。

三、定罪的法律后果只能由法律规定，并应根据作出该规定的法律的强制力生效。

第九十五条　定罪的法律后果的类型

一、与特定权利的丧失或者剥夺相关权利的定罪的法律后果有如下类型：

（一）担任公职权利的终止；

（二）被劳动雇佣的权利、从事特定专业、职业权利的终止；

（三）政府当局、地方自治当局决定对颁发的特定许可证、执照的没收。

二、与禁止获得特定权利相关的定罪的法律后果包括如下类型：

（一）禁止被任命为特定公职人员；

（二）禁止获得特定头衔、从事特定专业、担任特定岗位、在服役中晋升；

（三）禁止获得军官军衔；

（四）禁止获得政府当局、地方自治当局决定颁发的特别许可证和执照。

第九十六条　定罪的法律后果的开始和持续时间

一、定罪的法律后果应当自判决生效之日起发生效力。

二、如果确定了定罪的法律后果的判决在生效之后，因为特别的法律救济事项而被修改,则定罪的法律后果的生效或者延续应与新的判决相一致。

三、包括禁止获得特定权利在内的定罪的法律后果,其期限最多不得超过十年。

四、服刑时间不得折抵定罪的法律后果的期限。

五、如果犯罪人业已复权,则本法第九十五条第二款中所规定的定罪的法律后果应当终止。

第九章　复权、终止定罪的法律后果和犯罪记录的披露

第九十七条　复权的一般概念

一、复权意味着，应当消除定罪痕迹并终止其所有的法律后果，犯罪人应被视为无犯罪记录。

二、复权可以依照法律启动（法律复权），也可以由犯罪人根据法院的决定提出的申请启动（司法复权）。

三、复权不得损害第三人因定罪而产生的权利。

第九十八条　法律复权

一、法律复权仅适用于在与复权有关的定罪之前，没有前科或者根据法律被视为没有前科的犯罪人。

二、如果出现以下情况，则开始启动法律复权：

（一）被判处定罪免刑或者司法训诫的犯罪人，在判决生效后一年内未犯任何新罪的；

（二）被宣告缓刑的犯罪人，在缓刑考验期限内以及缓刑考验期满后一年内没有再犯任何新罪的；

（三）被判处罚金、社区服务、吊销驾驶执照、最多六个月监禁的犯罪人，自刑罚执行完毕之日、行刑时效届满之日、被赦免刑罚之日起三年内没有犯下任何新罪的；

（四）被判处六个月以上一年以下监禁的犯罪人，自刑罚执行完毕之日起，或者行刑时效届满之日起，或者被赦免刑罚之日起五年内没有犯下任何新罪的；

(五)被判处一年以上三年以下监禁的犯罪人,自刑罚执行完毕之日、行刑时效届满之日、被赦免刑罚之日起十年内没有犯下任何新罪的。

三、如果附加刑尚未被执行,或者保安处分措施仍在实施中,则不得启动法律复权。

第九十九条　司法复权

一、对于被判处三年以上五年以下监禁的犯罪人,如果自刑罚执行完毕之日、行刑时效届满之日、被赦免刑罚之日起十年内未犯新罪的,则可准予司法复权。

二、在第一款所规定的情况下,如果法院认为犯罪人根据其行为表现应获得复权,并且根据犯罪人的经济能力,其已赔偿由其犯罪行为造成的损害,则法院应当准予复权,法院有义务考虑与准予复权有关的所有其他情况,特别是犯罪的性质和法律意义。

三、如果附加刑尚未被执行,或者保安处分措施仍在实施中,则不得准予司法复权。

第一百条　有前科者的司法复权

对于曾经被多次定罪的犯罪人,只有在其每一项犯罪都符合本法第九十八条和第九十九条规定的情况下,法院才可准予复权。法院在审议是否准予复权时,应考虑本法第九十九条第二款所规定的一切情况。

第一百零一条　定罪的法律后果的终止

一、自刑罚执行完毕之日、行刑时效届满之日、被赦免刑罚之日起届满三年的,就禁止获得某种特定权利的定罪法律后果而言,法院可裁定将其终止,除非其是根据复权而发生的。

二、法院在审议终止定罪的法律后果时,应当考虑犯罪人定罪后的行为表现,是否赔偿了其犯罪行为所造成的损失,是否返还了犯罪所得的财产收益,以及其他可能表明应当终止定罪法律后果的情形。

第一百零二条　犯罪记录的内容和披露

一、犯罪记录包括犯罪人的个人资料,所受刑罚、缓刑、司法训诫、免除刑罚和赦免的资料,以及定罪的法律后果的相关情况。犯罪记录应当包括上述资料的后续变化、服刑情况以及错误定罪记录的注销情况。

二、犯罪记录只能向以下机构披露:正在对有前科的人进行刑事诉讼的法院,检察机关和警方,负责对犯罪人执行刑事制裁的有关机构,担负对犯罪人进行大赦、特赦、复权的责任的机构以及有权决定终止定罪的法律后果的有关机构,需要相关数据而在其职权范围内依法履行职责的社会福利机构。在特别法规定的情形下,也可以向负有侦查和防止犯罪职责的其他政府机构披露犯罪记录。

三、在政府当局、企业、其他组织、企业家提出合理申请情况下,如果定罪的法律后果或者保安处分措施仍然存在,则也可以向其披露犯罪记录中的相关资料。

四、任何人均无权要求公民就其先前的定罪或者不存在此类定罪提交任何证据。

五、应公民的申请,可以向他们提供其前科资料(如有)。

六、有关删除定罪记录的资料不得提供给任何人。

第十章　法定时效

第一百零三条　追诉时效

除本法另有规定外,存在下列情况时不得提起公诉:

(一)犯下应被判处超过十五年监禁的罪行,自犯罪行为实施之日起经过二十年的;

(二)犯下应被判处超过十年监禁的罪行,自犯罪行为实施之日起经过十五年的;

(三)犯下应被判处超过五年监禁的罪行,自犯罪行为实施之日起经过十年的;

(四)犯下应被判处超过三年监禁的罪行,自犯罪行为实施之日起经过五年的;

(五)犯下应被判处超过一年监禁的罪行,自犯罪行为实施之日起经过三年的;

(六)犯下应被判处一年以下监禁或者罚金的罪行,自犯罪行为实施之日起经过二年的。

第一百零四条　追诉时效的继续与中断

一、追诉时效的期限从犯罪发生之日起开始计算。如果其后发生了犯罪的危害后果的,则追诉时效从犯罪结果发生之日起开始计算。

二、在法律规定的起诉不得开始或者继续期间,追诉时效不得生效。

三、为查明犯罪行为人的罪行,或者为揭露和起诉犯罪行为人而采取的每一项程序性行动,均应导致追诉时效中断。

四、如果行为人在追诉时效期间犯下另一项严重或者更严重的罪行,追诉时效也应中断。

五、每次中断之后,追诉时效期限均应重新开始计算。

六、如果已经过两倍法定追诉时效期限,则无论在任何情况下,均不得对犯罪人进行追诉。

第一百零五条 行刑时效

除本法另有规定外,宣告的刑罚在经过下列期限后不得执行:

(一)被判处超过十五年的监禁,自定罪之日起经过二十年的;

(二)被判处超过十年的监禁,自定罪之日起经过十五年的;

(三)被判处超过五年的监禁,自定罪之日起经过十年的;

(四)被判处超过三年的监禁,自定罪之日起经过五年的;

(五)被判处超过一年的监禁,自定罪之日起经过三年的;

(六)被判处不超过一年监禁、罚金、社区服务、吊销驾驶执照,自定罪之日起经过二年的。

第一百零六条 附加刑和保安处分措施的行刑时效

一、对于作为附加刑的罚金刑以及吊销驾驶执照,自法院的裁决生效之日起经过二年的,该刑罚制裁不再执行。

二、对于在医疗机构中进行的强制性精神病治疗以及监禁,在自由状态下进行的强制性精神病治疗、强制性戒毒治疗、强制性戒酒治疗以及没收物品等保安处分措施,自作出上述措施的裁决生效之日起经过五年的,该措施不再执行。

三、对于禁止从事特定职业、进行特定活动或担任特定职务、禁止驾驶机动车以及暂时驱逐外国人出境的保安处分措施,自上述措施所宣告的期限届满之日起,该措施不再执行。

第一百零七条 刑罚和保安处分措施的继续和中断

一、行刑时效自宣告刑罚的裁决生效之日起开始计算,如果缓刑被撤销,则行刑时效自撤销缓刑的裁决生效之日起开始计算。

二、如果由于大赦、特赦、特定的法律救济事项,而使宣告的刑罚得以减轻,则行刑时效的期限应当根据新判决判处的刑罚确定,但时效期间应当自原先判决生效之日起开始计算。

三、在法定不能执行刑罚期间,行刑时效期间不予计算。

四、主管当局为执行刑罚而采取的每一项行动,均应导致行刑时效中断。

五、每一次中断后,行刑时效均应重新开始计算。

六、如果已经过两倍行刑时效期限,则无论在任何情况下,该刑罚均不再执行。

七、如果存在第六款规定的限制情形,则已经开始执行的刑罚应停止执行。

八、第二款至第五款的规定也应适用于保安处分措施的行刑时效。

第一百零八条　不受时效限制的犯罪与行刑

本法第三百七十条至第三百七十五条规定的犯罪,被判处无期徒刑的犯罪,以及根据已批准的国际条约不受时效限制的犯罪,不受追诉时效和行刑时效的限制。

第十一章　大赦与特赦

第一百零九条　大赦

一、对于被大赦的人，应免予刑事起诉，全部或者部分地免予处罚，以较轻的处罚替代宣告的处罚，给予复权，撤销特定的或者所有的定罪的法律后果。

二、大赦可以撤销以下保安处分措施：禁止从事特定职业、进行特定活动、担任特定职务，禁止驾驶机动车以及对外国人适用的驱逐出境。

第一百一十条　特赦

一、特赦适用于特定之人。对于被特赦者，应当免予刑事起诉，全部或者部分地免予处罚，以较轻刑罚或者缓刑替代宣告的刑罚，给予复权，缩短定罪的法律后果的期限，撤销特定的或者所有的定罪的法律后果。

二、特赦可以撤销以下保安处分措施，或者缩短其期限：禁止从事特定职业、进行特定活动、担任特定职务，禁止驾驶机动车以及对外国人适用的驱逐出境。

第一百一十一条　大赦及特赦对第三人权利的影响

大赦或者特赦不得损害第三人因定罪而享有的任何权利。

第十二章　释　　义

第一百一十二条　本规范中术语的含义

一、塞尔维亚领土，是指塞尔维亚边境以内的领陆、领水以及领空。

二、塞尔维亚的刑事法律，是指本法以及其他塞尔维亚法律所包含的刑事法律规范。

三、公职人员是指：

（一）在政府机关中执行公务的人员；

（二）在政府机关、地方自治机关中被选举、任命、委派的人员，或者在政府机关、地方自治机关中长期、定期执行公务或履行官职的人员；

（三）公证人、执法人员、仲裁员，以及在机构、企业、其他组织中被指派行使公职权力，负责对自然人、法人的权利、义务、利益或者对公共利益进行管理的人员；

（四）事实上被指派执行公务或者从事公职活动的人员；

（五）军事人员。

四、外国公职人员，是指外国立法机关、行政机关、司法机关中的成员、官员、公务员，外国法院中的法官、陪审员、要员、官员，国际组织、机构中的成员、要员、官员，以及外国或者国际仲裁中的仲裁员。

五、法人的责任人员，是指根据法规、规则、权力，在管理监督财产、生产、其他活动方面执行特定范围的任务，或者实际上受委托履行特定职责的人员。在某种犯罪中指定责任人为犯罪人的情况下，如果该种犯罪在公务犯罪章节或者在有关公职人员犯罪中未作规定，则责任人员也可以是公职人员。

六、军事人员，是指职业士兵（职业军官、士官、合同军官和合同士兵）、应征入伍士兵、军事学校的干部或学员、履行军事职责的预备役军事人员以及执行特定军事任务的平民。

七、当公职人员、责任人员、军事人员被认为构成某犯罪的犯罪主体时，如果特定罪行的构成要素或者特定规定没有表明该犯罪只能由公职人员、责任人员、军事人员构成，则第三款、第五款和第六款规定的人均可以成为该犯罪的犯罪主体。

八、儿童，是指不满十四周岁的人。

九、青少年，是指已满十四周岁未满十八周岁的人。

十、未成年人，是指未满十八周岁的人。

十一、犯罪人，是指正犯、共谋犯、帮助犯、教唆犯。

十二、暴力，也指使用催眠、麻醉手段，以使他人违背自己意愿进入无意识状态，或者使他人不能反抗。

十三、选举，是指塞尔维亚议会、总统、地方自治机关的选举，以及根据《宪法》和法律召集和组织的其他选举。

十四、公民投票，是指公民就宪法和法律提出的议题作出的表决。

十五、毒品，是指根据法规或其他规则称为毒品的物质和混合物，以及其他受管制的精神活性物质。

十六、动产，也指因发光、发热或者运动，发送电话脉冲、计算机数据和计算机程序而产生或者收集的任何能源。

十七、计算机数据，是指适合在计算机系统中进行处理的以事实、信息、概念所呈现的一切形式，包括可以使计算机系统得以正常运转所必需的计算机程序。

十八、计算机网络，是指相互连接的计算机以及通过交换数据相互通信的计算机系统的互联系统。

十九、计算机程序，是指为控制计算机操作和通过计算机解决特定任务而制定的一系列命令的集合。

二十、计算机病毒，是指被设计成能够进入计算机、计算机网络进行自我繁殖的一种计算机程序或其他指令组，通过将该种程序或该指令组添加到一个或多个计算机程序和数据中而对计算机的程序、数据、计算机网络进行攻击。

二十一、商业组织，是指从事商业活动的公司、其他法人以及企业家。法人在其从事的主要活动外还从事商业活动的，只有在从事该商业活动时，才能被视为商业组织。

二十一之 a、商业活动，是指为赚取利润或实现其他经济利益而涉及的商品生产和贸易、提供服务的一切活动以及在市场上开展的其他活动。

二十二、犯罪团伙，是指由三人以上组成的共谋实施经常性或者偶然性犯罪活动，群体成员之间没有明显的角色分工与稳定的组织结构的团体组织。

二十三、货币，是指塞尔维亚及其他国家发行的硬币、纸币以及用其他材料制作的法定货币。

二十四、金银纯度标志，也指外国的金银纯度标志。

二十五、机动车辆，是指在陆地、水域和空中交通中任何由发动机驱动的交通工具。

二十六、证明文件，是指任何适合或者被设计用于证明与法律关系相关事实的物品，包括计算机数据。

二十七、文件、信函、运送物也可以是电子形式。

二十八、家庭成员，也指前配偶及其子女、直系亲属、伴侣及其子女、收养人和被收养人以及寄养家庭成员。家庭成员还指居住在同一家庭的兄弟姐妹及其配偶、前配偶、子女和前配偶的父母，以及从未生活在一个家庭中但有共同子女或者有即将出生的子女的人员。

二十九、本法中的“不应受刑事处罚”，意指在此种情形下行为不构成犯罪。

三十、当使用“未完成体”动词表示某一犯罪行为时，则意味着实施该行为一次或者多次均构成犯罪。

三十一、“塞尔维亚”是塞尔维亚共和国的缩写。

三十二、具有公共重要性的工作，是指对从业人员的人身安全有明显风险的工作或者职业。也指对公共信息、健康、教育、公共交通以及先于法院和国家提供法律和职业援助等方面有重要意义的工作。

三十三、计算机,是指任何能够基于自动数据处理和数据交换的电子设备。

三十四、计算机系统,是指任何一个装置或者一组相互连接或相互依赖的装置,其中一个或多个装置根据程序执行自动处理数据的任务。

三十五、有组织的犯罪集团,是指存在一定时间且由至少三名人员组成的,共谋实施一项或多项应被判处四年及其以上监禁的犯罪,以直接或间接地获取金钱或其他物质利益的集团。

三十六、财产收益,是指各类包括有形的或无形的,动产的或不动产的收益,或者任何可以证明与该收益相关权益的估价和有价值的证明文件。直接或间接来源于犯罪的收入或者其他利益,及其转换后或整合后的收入或者其他利益,也被视为财产收益。

第二编

分　则

第十三章　侵害生命和身体的犯罪

第一百一十三条　谋杀

杀害他人的,处五年以上十五年以下监禁。

第一百一十四条　加重谋杀

一、实施下列行为的,处十年以上监禁或者无期徒刑:

(一)使用残忍或者狡诈手段杀害他人的;

(二)使用残酷的暴力行为杀害他人的;

(三)明知杀害他人可能会危及其他人的生命而仍然为之的;

(四)在实施抢劫罪或者加重盗窃罪时,杀害他人的;

(五)为牟取利益,或者为实施或掩饰其他犯罪,或者出于残酷报复或其他卑鄙动机,而杀害他人的;

(六)杀害正在履行职责的公职人员或者军事人员的;

(七)杀害正在履行职责的法官、检察官、副检察官或者警察的;

(八)杀害在其职责范围内从事公益活动人员的;

(九)杀害儿童或者孕妇的;

(十)杀害曾经受到行为人虐待的家庭成员的;

(十一)预谋杀害多人,但并不属于激情杀人、杀害婴儿或者安乐死的。

二、行为人为实施第一款规定的犯罪准备工具或创造条件,或者与他人共谋计划或组织实施该犯罪,或者采取其他行动为立即实施该犯罪创造条件的,处一年以上五年以下监禁。

第一百一十五条　激愤杀人

行为人本身无过错而遭受被害人的攻击、虐待或者严重侮辱,并因此在暴怒的状态下杀害被害人的，处一年以上八年以下监禁。

第一百一十六条　杀害婴儿

行为人因分娩引起精神紊乱的状态，并在此状态下杀害分娩中的婴儿或者刚出生的婴儿的，处六个月以上五年以下监禁。

第一百一十七条　安乐死

出于对患有严重疾病的被害人的怜悯，并在被害人认真而明确的要求下，杀害被害人的，处六个月以上五年以下监禁。

第一百一十八条　过失杀人

过失致他人死亡的，处六个月以上五年以下监禁。

第一百一十九条　教唆自杀和协助自杀

一、教唆他人自杀或者协助他人自杀，并致他人完成自杀行为或者自杀未遂的，处六个月以上五年以下监禁。

二、协助他人自杀属于本法第一百一十七条规定的情形，并致他人完成自杀行为或者自杀未遂的，处三个月以上三年以下监禁。

三、对青少年或者心智严重减弱者实施第一款规定的行为的，处二年以上十年以下监禁。

四、对儿童或者心智丧失者实施第一款规定的行为的，依照本法第一百一十四条的规定处罚。

五、以残酷、不人道的手段对待从属于或者依赖于行为人的他人，并因可归责于行为人的过失而导致他人自杀或者自杀未遂的，处六个月以上五年以下监禁。

第一百二十条　非法终止妊娠

一、违反有关终止妊娠的规则，未经孕妇同意开始实施堕胎，已经实施堕胎或者帮助其实施终止妊娠行为的，处三个月以上三年以下监禁。

二、以实施第一款所述行为为职业的，处六个月以上五年以下监禁。

三、未经孕妇同意，或者如果孕妇未满十六周岁，未经其父母、养父母或监护人的同意及书面同意，对孕妇开始实施或已经实施堕胎的，处一年以上八年以下监禁。

四、犯第一款至第三款之罪导致孕妇死亡、严重健康损害或者其他严重身体伤害，如果犯第一款和第二款之罪的，处一年以上七年以下监禁；如果犯第三款之罪的，处二年以上十二年以下监禁。

第一百二十一条　严重伤害他人

一、严重伤害他人身体或者损害他人健康的，处六个月以上五年以下监禁。

二、严重伤害他人身体或损害他人健康并因此危及他人生命安全的，造成他人身体或器官的重要功能的丧失或严重损害的，造成他人永久性健康损害，造成他人毁容的，处一年以上八年以下监禁。

三、犯第一款和第二款之罪导致他人死亡的，处二年以上十二年以下监禁。

四、过失犯第一款和第二款之罪的，处三年以下监禁。

五、行为人本身无过错而遭受被害人的攻击、虐待或者严重侮辱，并因此在暴怒的状态下实施第一款至第三款行为，如果犯下的是第一款之罪的，处三年以下监禁；如果犯下的是第二款之罪的，处三个月以上四年以下监禁；如果犯下的是第三款之罪的，处六个月以上五年以下监禁。

六、如果针对未成年人、孕妇或者正在履行公共利益职责的人员实施犯罪行为，犯第一款之罪的，处一年以上八年以下监禁；犯第二款之罪的，处二年以上十二年以下监禁；犯第三款之罪的，处五年以上十五年以下监禁。

第一百二十一条之 a　残割女性生殖器

一、残割女性生殖器外阴部位的，处一年以上八年以下监禁。

二、如果实施第一款的行为，存在特别的可减轻罪行情节的，处三个月以上三年以下监禁。

三、诱导或者协助女性实施第一款规定的行为的，处六个月以上五年以下监禁。

四、犯第一款之罪导致女性死亡的，处二年以上十二年以下监禁。

第一百二十二条　致他人轻伤

一、给他人的身体或者健康造成轻伤的，处罚金或者一年以下监禁。

二、如果使用武器、危险工具或者其他容易造成严重身体伤害或严重健康损害的器具，而致他人轻伤的，处三年以下监禁。

三、如果行为人是因受到被害方粗暴或者暴力行为的挑衅,从而实施了本条第二款规定的行为的,则法院可以对该行为人适用司法训诫。

四、犯第一款之罪的,告诉才处理。

第一百二十三条　斗殴

参与斗殴造成他人死亡或者严重身体伤害的,处罚金或者三年以下监禁。

第一百二十四条　在斗殴或者争执中使用危险器具威胁

一、在斗殴、争执中,获取武器,危险器具、其他容易造成严重身体伤害或者严重健康损害的器具的,处罚金或者六个月以下监禁。

二、在斗殴、争执中获取枪支的,处二年以下监禁和罚金。

第一百二十五条　置人于危险状态

一、行为人的行为致使他人处于得不到救助并危及生命、健康的状态的,处三个月以上三年以下监禁。

二、犯第一款之罪造成被遗弃者严重健康损害或者严重身体伤害的,处一年以上五年以下监禁。

三、犯第一款之罪造成被遗弃者死亡的,处一年以上八年以下监禁。

四、如果针对未成年人或者孕妇实施第一款至第三款行为,犯第一款之罪的,处六个月以上五年以下监禁;犯第二款之罪的,处一年以上八年以下监禁;犯第三款之罪的,处二年以上十二年以下监禁。

第一百二十六条　遗弃无独立生活能力的人

一、行为人接受委托照顾或者有义务照顾无独立生活能力的人,却将之遗弃并致使其处于危及生命、健康的状态或者境地的,处三个月以上三年以下监禁。

二、犯第一款之罪造成被遗弃者严重健康损害或其他严重身体伤害的,处一年以上五年以下监禁。

三、犯第一款之罪,造成被遗弃者死亡的,处一年以上八年以下监禁。

第一百二十七条　见危不救

一、如果行为人对于面临生命危险的人员,有能力提供救助并且不会因救助行为而给自己或者他人造成危险,但行为人却未予提供救助的,处罚金或者二年以下监禁。

二、如果未予提供援助的行为造成面临生命危险的人员严重健康损害或者其他严重身体伤害的,处罚金或者三年以下监禁。

三、如果未予提供援助的行为造成面临生命危险的人员死亡的,处三个月以上五年以下监禁。

第十四章　侵犯人类和公民的自由和权利的犯罪

第一百二十八条　破坏平等

一、基于国籍、民族、种族、宗教的不同，或者基于政治或其他信仰、性别、残疾、性取向、性别认同、语言、教育、社会地位、社会出身、财富等个人特征方面的差别，剥夺、限制宪法、法律或者本国批准之国际公约赋予的人类及公民的权利的，或者基于上述事由，对某些公民给予特权、优待的，处三年以下监禁。

二、如果公职人员在履行职责期间，犯第一款之罪的，处三个月以上五年以下监禁。

第一百二十九条　侵犯使用语言或者字母的权利

违反居住在塞尔维亚的民族或种族群体使用语言及字母的规则，或者在公民行使其权利或向有关机关、组织进言时，限制公民使用其民族语言或字母的，处罚金或者一年以下监禁。

第一百三十条　侵犯表达民族或者种族归属的权利

一、阻止他人表达其民族、种族归属、文化习俗的，处罚金或者一年以下监禁。

二、胁迫他人宣布其民族、族裔归属、文化习俗的，依照第一款的规定处罚。

三、如果公职人员在履行职责期间，犯第一款和第二款之罪的，处三年以下监禁。

第一百三十一条　侵犯宗教信仰的自由以及提供宗教服务的自由

一、阻止或者限制他人的宗教信仰自由或参加宗教活动的，处罚金或者一年以下监禁。

二、阻止或阻碍他人提供宗教服务的，依照第一款的规定处罚。

三、强迫他人表达其宗教信仰的，处罚金或者一年以下监禁。

四、公职人员犯第一款至第三款规定之罪的，处三年以下监禁。

第一百三十二条　非法拘禁

一、非法拘捕他人并将其关押，以其他非法方式剥夺他人自由，限制他人的行动自由的，处三年以下监禁。

二、如果公职人员滥用职位或者职权，犯第一款之罪的，处六个月以上五年以下监禁。

三、如果非法拘禁他人超过三十日的，或者以残忍方式实施的，或者非法拘禁行为严重损害他人的健康的，或者造成其他严重后果的，处一年以上八年以下监禁。

四、犯第一款和第三款之罪导致他人死亡的，处二年以上十二年以下监禁。

五、犯第一款之罪未遂的，应予处罚。

第一百三十三条　侵犯迁徙自由和定居自由

一、拒绝塞尔维亚公民在塞尔维亚境内迁徙或定居的，或者限制塞尔维亚公民在塞尔维亚境内迁徙或定居的自由的，处罚金或者一年以下监禁。

二、公职人员在履行职责期间，犯第一款之罪的，处三年以下监禁。

第一百三十四条　略取诱拐*

一、使用暴力、威胁、欺骗或以其他方式劫走、扣押他人，意图对该人或第三人勒索金钱或其他财产利益的，或者强迫该人或第三人实施或不实施某种行为的，或者强迫该人或第三人忍受某种事物的，处二年以上十年以下监禁。

二、为达到略取诱拐的目的，威胁实施谋杀被害人行为的，或者威胁实施严重伤害被害人身体行为的，处三年以上十二年以下监禁。

---

* “略取诱拐”是使他人脱离原有生活状态，直接或者间接地将他人移置于自己或者第三人的实力支配下，剥夺他人行动自由的行为。其中，“略取”是指使用暴力或者胁迫手段的情形，而“诱拐”则是指采用欺骗或者诱惑手段的情形。——译者注

三、如果关押被害人十日以上,或者以残忍的方式实施的,或者使被害人的健康受到严重损害或造成其他严重后果的,或者对未成年人犯下第一款之罪的,处三年以上十五年以下监禁。

四、犯第一款至第三款之罪造成他人死亡的,或者以犯罪团伙的形式实施的,处五年以上十八年以下监禁。

五、有组织犯罪集团犯第一款至第三款之罪的,处五年以上监禁。

第一百三十五条　胁迫

一、使用暴力或者以胁迫方式,强迫他人实施、不实施某种行为或忍受某种事物的,处三年以下监禁。

二、以残忍方式实施,或者威胁实施谋杀行为、严重身体伤害行为、略取诱拐行为,犯第一款之罪的,处六个月以上五年以下监禁。

三、犯第一款和第二款之罪,造成他人严重身体伤害或者其他严重后果的,处一年以上十年以下监禁。

四、犯第一款和第二款之罪,造成他人死亡的,或者以犯罪团伙的形式实施的,处三年以上十二年以下监禁。

五、有组织犯罪集团犯第一款和第二款之罪的,处五年以上十五年以下监禁。

第一百三十六条　刑讯逼供

一、以公职人员身份使用暴力、威胁,或者以其他未经允许的手段、方式,对被追诉人、证人、专家证人、其他人员进行逼供的,处三个月以上五年以下监禁。

二、在逼供中使用严重暴力、逼供行为对刑事诉讼中的被追诉人造成特别严重的后果的,处二年以上十年以下监禁。

第一百三十七条　虐待和折磨

一、虐待他人,或者以侮辱性、贬损性的方式对待他人的,处一年以下监禁。

二、为从他人或第三人处获得信息、供述,或者为恐吓他人或第三人,或者为给他人或第三人施加压力,或者出于任何形式的歧视,对他人进行痛苦折磨的,处六个月以上五年以下监禁。

三、公职人员在履行职责期间实施第一款和第二款规定之行为,如果犯第一款规定之罪的,处三个月以上三年以下监禁;如果犯第二款规定之罪的,处二年以上十年以下监禁。

第一百三十八条　危及他人安全

一、威胁攻击他人或者与其关系密切之人并因此危及其安全的,处罚金或者一年以下监禁。

二、针对数人犯第一款之罪的,或者该罪行导致公民焦虑不安或造成其他严重后果的,处三个月以上三年以下监禁。

三、针对塞尔维亚总统、国会议员、政府总理、政府成员、宪法法院法官、法官、检察官和副检察官、律师、警察、从事重要公共信息服务的人员犯第一款之罪的,处六个月以上五年以下监禁。

第一百三十八条之 a　非法跟踪

一、在持续的一段时间内,实施以下行为的,处罚金或者三年以下监禁:

(一)未经允许跟踪他人,或者在违背他人的意愿下为接近他人而采取其他行动的;

(二)违背他人的意愿,试图通过第三人或者通过通信手段与他人直接建立联系的;

(三)为了订购商品或者服务而滥用他人或者与其关系密切之人的个人资料的;

(四)威胁攻击他人或者与其关系密切之人的生命、身体或自由的;

(五)采取其他类似行动,可能明显危及被采取此类行动的人的个人生活的。

二、如果犯第一款之罪,对他人或者与其关系密切之人的生命、健康、身体造成危险的,处三个月以上五年以下监禁。

三、如果犯第一款之罪,导致他人或者与其关系密切之人死亡的,处一年以上十年以下监禁。

第一百三十九条　侵犯住宅不可侵犯之权利

一、任何人未经许可进入他人的公寓/房屋,进入属于他人的封闭场所,未按官方要求离开该公寓/房屋、属于他人的封闭场所的,处罚金或者一年以下监禁。

二、公职人员在履行职责期间，犯第一款之罪的，处三年以下监禁。

三、犯本条第一款和第二款之罪未遂的，应予处罚。

第一百四十条 非法搜查

公职人员在履行职责期间，非法搜查他人的公寓/房屋、场所、人身的，处三年以下监禁。

第一百四十一条 未经授权泄露秘密

一、律师、医生、其他人员，未经许可泄露其在履行职务期间所知悉的秘密的，处罚金或者一年以下监禁。

二、虽然实施第一款所规定之罪行，但如果是为了公共利益或者他人的利益而泄露，并且所保护的利益优于泄露的秘密所保护的利益时，则不受第一款所规定的刑罚处罚。

第一百四十二条 侵犯信件和其他邮件隐私

一、未经授权擅自开拆他人信件、电报、其他封缄的信件、托运物，或者以其他方式侵犯上述物品隐私的，或者未经授权擅自对他人的信件、电报、其他邮件扣留、隐藏、销毁或向第三人传递的，或者侵犯他人电子邮件隐私的，处罚金或者二年以下监禁。

二、将他人通过侵犯其隐私而获得的未公开的邮件、电报、托运物的内容传递给他人，或者利用这些内容的，也可以依照第一款规定处罚。

三、如果公职人员在履行职务期间，犯第一款和第二款之罪的，处六个月以上三年以下监禁。

第一百四十三条 未经授权的窃听和录音

一、行为人使用特殊设备窃听并非面向他本人的谈话、陈述、通知，或者对上述谈话、陈述、通知进行录音的，处罚金或者三个月以上三年以下监禁。

二、行为人将未经授权的窃听或者录音泄露给本不知悉的他人，使其知晓其中的谈话、陈述或者通知内容的，依照第一款的规定处罚。

三、公职人员在履行职务期间，犯第一款和第二款之罪的，处六个月以上五年以下监禁。

第一百四十四条　未经授权的拍摄

一、未经授权对他人进行摄影、摄像、制作视频、制作其他记录，并因此严重侵犯他人的个人生活，或者将此种记录移交给第三方，或者以其他方式使第三方知悉其中内容的，处罚金或者一年以下监禁。

二、公职人员在履行职务期间，犯第一款之罪的，处三年以下监禁。

第一百四十五条　未经授权出版和展示他人的文本、肖像和录音

一、未经文本作者同意或者与之相关之人的同意，或者未经画像、照片、录像中的肖像权人的同意，或者未经唱片原声人的同意，或者未经法律强制性规定的授权之人的同意，出版、展示他人的文本、画像、照片、录像、具有个人特质的录音，并因此严重侵犯他人的私人生活的，处罚金或者二年以下监禁。

二、公职人员在履行职务期间，犯第一款之罪的，处三年以下监禁。

第一百四十六条　未经授权收集个人信息

一、未经授权获取、传递或以其他方式使用，依法收集、处理和使用的信息，并违背该信息的预期使用目的的，处罚金或者一年以下监禁。

二、违法收集公民个人信息的，或者使用被违法收集的信息的，依照第一款的规定处罚。

三、公职人员在履行职务期间，犯第一款之罪的，处三年以下监禁。

第一百四十七条　侵犯法律救济权

一、阻止他人行使提出辩护、请愿、控诉、上诉、异议，以及其他法律救济或者其他意见的权利的，处罚金或者一年以下监禁。

二、公职人员在履行职务期间，犯第一款之罪的，处三个月以上三年以下监禁。

第一百四十八条　侵犯言论和公开露面的自由

一、非法剥夺、限制他人的言论、公开露面的自由的，处罚金或者一年以下监禁。

二、公职人员在履行职务期间，犯第一款之罪的，处三年以下监禁。

第一百四十九条　阻止印制、发行印刷品和广播

一、未经授权，阻止、妨碍书籍、杂志、报纸、音频制品、视频制品或其他类似的印刷品、影音制品的印制、录制、销售、发行的，处罚金或者一年以下监禁。

二、未经授权阻止、妨碍广播节目、电视节目播放的，依照第一款的规定处罚。

三、公职人员在履行职责期间，犯第一款之罪的，处三年以下监禁。

第一百五十条　阻止发布驳斥和更正声明

违反法院的最终裁决，对于已发布的侵犯他人权利、利益的错误事实、信息，拒绝、阻止发布驳斥、更正声明的，处罚金或者一年以下监禁。

第一百五十一条　阻止公众集会

一、使用暴力、威胁、欺骗或以其他手段，阻止、妨碍依法组织的公众集会，如果尚未构成其他严重犯罪的，处罚金或者二年以下监禁。

二、公职人员履行职务期间，犯第一款之罪的，处三个月以上三年以下监禁。

第一百五十二条　阻止政治联盟、工会或者其他联盟和活动

一、故意违反法律或以其他非法手段，阻止、妨碍公民参加政治联盟、工会、其他联盟、活动的，或者阻止、妨碍政治联盟、工会和其他联盟开展活动的，处罚金或者二年以下监禁。

二、公职人员在履行职务期间，犯第一款之罪的，处三个月以上三年以下监禁。

第一百五十三条　针对侵害人类和公民的自由和权利的犯罪的起诉

一、犯本法第一百三十九条第一款、第一百四十二条第一款和第二款、第一百四十三条第一款和第二款、第一百四十四条第一款、第一百四十五条第一款、第一百四十六条第一款和第二款以及第一百四十七条第一款之罪的，告诉的才处理。

二、犯本法第一百四十一条、第一百四十九条第一款和第二款、第一百五十条、第一百五十一条第一款以及第一百五十二条第一款之罪的，由检察官办公室提起公诉。

第十五章　侵犯选举权的犯罪

第一百五十四条　侵犯选举权

违反法律或以其他非法手段阻止、妨碍公民参与选举的权利的，处罚金或者一年以下监禁。

第一百五十五条　侵犯投票权

一、为阻止他人行使投票权，非法地使他人姓名未能列入选民登记册的，从选名登记册中删除他人姓名的，以其他方式非法阻止、妨碍他人投票的，处罚金或者一年以下监禁。

二、在选举、弹劾表决、全民公决中，使用暴力、威胁手段，迫使他人行使或不行使其投票权的，或者迫使他人投票支持或反对某一特定候选人、议案的，处三个月以上三年以下监禁。

第一百五十六条　在选举活动中行贿受贿

一、向他人提供、给予、许诺给予报酬或其他利益，以便在选举、全民公决中，使他人投票、不投票，支持、反对某特定候选人或者议案的，处罚金或者三年以下监禁。

二、索要、接受报酬或其他利益，以便在选举、全民公决中，投票、不投票，支持、反对某特定候选人或议案的，依照第一款的规定处罚。

三、选举委员会成员、负责选举投票事务的公职人员，犯第一款之罪的，处三个月以上五年以下监禁。

四、报酬或者其他利益应当予以没收。

第一百五十七条　滥用投票权

一、在选举、全民公决中以他人名义投票的，或者在同一选举中投票超过一次或使用一张以上选票的，处罚金或者一年以下监禁。

二、选举委员会成员如使他人犯下第一款之罪的，处罚金或者二年以下监禁。

第一百五十八条　编制不准确的选民名单

意图影响选举、全民公决投票结果，编制不准确的选民名单的，处罚金或者三年以下监禁。

第一百五十九条　阻止投票

一、使用暴力、胁迫或其他非法手段，阻止他人在投票站投票的，处三年以下监禁。

二、以扰乱投票站秩序的方式妨碍投票并因此造成投票活动中断的，处罚金或者二年以下监禁。

第一百六十条　侵犯投票秘密

一、在选举、全民公决中侵犯投票秘密的，处罚金或者六个月以下监禁。

二、选举委员会成员、负责选举投票事务的公职人员，犯第一款之罪的，处罚金或者二年以下监禁。

第一百六十一条　投票和选举舞弊

选举或公民投票管理机构的成员、负责投票选举事务的公职人员，在点票过程中增加或删除选票数或得票数的，或者使用其他手段改变选票数或得票数的，或者公布虚假的投票结果的，处六个月以上五年以下监禁。

第一百六十二条　破坏选举文件

一、在选举、全民公决中，销毁、破坏、转移、隐藏选票或其他选举文件的，处罚金或者一年以下监禁。

二、选举委员会成员、负责选举投票事务的公职人员，犯第一款之罪的，处三个月以上三年以下监禁。

第十六章　侵犯劳动权利的犯罪

第一百六十三条　侵犯劳动和社会保障权利

故意违背法规或其他规则、集体谈判协议、其他有关劳动权利的一般法案、特殊保护青年、妇女以及残疾人的工作权利的一般法案、有关社会保险权利的一般法案,并因此剥夺或者限制他人受保障的权利的,处罚金或者二年以下监禁。

第一百六十四条　侵犯就业权和失业者权利

一、故意违反法律规章或以其他手段,非法剥夺、限制公民在塞尔维亚境内在同等条件下的自由就业的权利的,处罚金或者一年以下监禁。

二、故意违反法规、规则、有关失业公民权利保障的一般法案并因此剥夺或者限制法律所保障的失业者的权利的,依照第一款的规定处罚。

第一百六十五条　侵犯管理权

一、使用暴力、胁迫,故意违反规则,或者以其他手段,非法阻止、妨碍管理机构的决策制定的、非法阻止、妨碍管理机构成员参与该机构的工作和决策制定的,处罚金或者一年以下监禁。

二、公职人员或者责任人员滥用职权,犯第一款之罪的,处罚金或者二年以下监禁。

第一百六十六条　侵犯罢工权

一、使用暴力、胁迫或其他手段,非法阻止、妨碍依法组织罢工、参加罢工或者以其他方式行使其罢工权利的,处罚金或者二年以下监禁。

二、雇主或者责任人员因他人参与依法组织的罢工而将其解雇,或者采取其他措施侵犯他人的劳动权利的，依照第一款的规定处罚。

第一百六十七条　滥用罢工权

违反法规或者其他规则，非法组织、领导罢工并因此严重危及公众生命、健康、财产，或者因此造成严重后果，尚未构成其他犯罪的，处三年以下监禁。

第一百六十八条　滥用社会保障福利权

以佯装患病、自害疾病、自我残伤的方式，或者以其他手段，非法获得享受某些社会保障福利权的资格，而根据法规、其他规则或一般法案，该社会保障福利权本是其无权享有的，处罚金或者一年以下监禁。

第一百六十九条　无视劳动安全保障措施

一、负责采取劳动安全保障措施的责任人员，明知没有遵守劳动安全保障措施方面的法规、规则或一般法案的规定并因此危及工作人员的生命健康安全的，处三年以下监禁。

二、如果宣告适用缓刑，法院可以责令犯罪人在法定期间内采取劳动安全保障措施。

第十七章　侵犯荣誉和名誉的犯罪

第一百七十条　侮辱

一、侮辱他人的，处二十个以上一百个以下日额罚金，或者处四万第纳尔以上二十万第纳尔以下的罚金。

二、通过报纸、广播、电视、其他媒体，或者在公众集会上犯下第一款之罪的，处八十个以上二百四十个以下日额罚金，或者处十五万第纳尔以上四十五万第纳尔以下的罚金。

三、如果被侮辱者也实施了侮辱以还击的，法院可以惩罚双方或者一方，也可以对双方或者一方免予处罚。

四、如果行为人实施第一款至第三款行为，是在科学、文学、艺术作品范畴内的严肃性批评表达，或者是履行公务职责、执行新闻任务、从事政治活动的业务行为，或者是对权利或者正当利益的捍卫行为，并且如果从表达方式或其他情况可以明显看出，该行为并非有意贬低的，则不应对其处罚。

第一百七十一条　（已废止）

第一百七十二条　散布有关个人和家庭生活的信息

一、讲述、散布他人的个人、家庭生活信息，可能损害他人荣誉、声誉的，处罚金或者六个月以下监禁。

二、通过报纸、广播、电视、其他媒体，或者在公众集会上犯下第一款之罪的，处罚金或者一年以下监禁。

三、如果讲述、散布的信息对被害人造成严重后果，或者可能会对被害人造成严重后果的，处三年以下监禁。

四、如果讲述、传播他人个人、家庭信息，是行为人履行公务职责、执行新闻任务、从事政治活动的业务行为，或者是对权利或者正当利益的捍卫行为，并且行为人能够证明其讲述、传播的信息是真实的，或者有合理理由相信其所讲述、传播的信息是真实的，则不应对其处罚。

五、除第四款规定的情况外，不得证明行为人所讲述、传播的个人、家庭生活信息的真实性或者虚假性。

第一百七十三条　破坏塞尔维亚的名誉

公开嘲弄塞尔维亚及其国旗、国徽或国歌的，处罚金或者三个月以下监禁。

第一百七十四条　破坏种族、宗教、民族及其有隶属关系的名誉

因特定种族、肤色、宗教、国籍、民族或者其他个人特质而公开嘲弄某人或者某群体，处罚金或者一年以下监禁。

第一百七十五条　破坏外国或者外国组织的名誉

一、公开嘲弄外国及其国旗、国徽或者国歌的，处罚金或者三个月以下监禁。

二、公开嘲弄联合国组织、国际红十字会或者塞尔维亚加入的其他国际组织的，依照第一款的规定处罚。

第一百七十六条　本法第一百七十三条至第一百七十五条的免责事项

如果行为人实施本法第一百七十三条至第一百七十五条行为，是在科学、文学、艺术作品范畴内的严肃性批评表达，或者是履行公务职责、执行新闻任务、从事政治活动的业务行为，或者是对权利、正当利益的捍卫行为，并且如果从表达方式或其他情况可以明显看出，该行为并非有意贬低的，或者行为人能够证明其讲述、传播的信息是真实的，或者有合理理由相信其所讲述、传播的信息是真实的，则不应对其处罚。

第一百七十七条　对侵犯荣誉和名誉罪的起诉

一、犯本法第一百七十条至第一百七十二条规定之罪的，告诉的才处理。

二、如果针对死者犯下本法第一百七十条至第一百七十二条规定之罪的，由死者配偶或者与死者同居的人、死者的直系血亲、养父母、养子女或者死者的兄弟姐妹提起诉讼。

三、针对本法第一百七十五条所规定之罪提起公诉,须经塞尔维亚检察官批准。

第十八章　性　犯　罪

第一百七十八条　强奸

一、使用暴力，或者以直接攻击他人或攻击与他人有密切关系的第三人的身体为胁迫，强行与他人发生性关系，或者强行与其实施其他类似性行为的，处五年以上十二年以下监禁。

二、以威胁披露针对该人或与其有密切关系的第三人的信息，并且该揭发行为可能会损害他人或第三人荣誉及名声，或者以其他非常邪恶之手段为胁迫，犯本条第一款之罪的，处二年以上十年以下监禁。

三、犯第一款和第二款之罪造成被害人严重身体伤害的，轮奸被害人的，犯罪手段特别残忍或极具有侮辱性的，被害人为青少年的，造成被害人怀孕的，处五年以上十五年以下监禁。

四、犯第一款和第二款之罪造成被害人死亡的，或者被害人是儿童的，处十年以上监禁或者无期徒刑。

第一百七十九条　与残弱无助者性交

一、利用被害人的精神疾病、心智迟滞、精神失调、残疾或其他无力反抗的情况强行同其发生性关系或者实施其他类似性行为的，处五年以上十二年以下监禁。

二、犯第一款之罪造成被害人严重身体伤害的，数人与被害人性交的，犯罪手段特别残忍或者极具侮辱性的，被害人为青少年的，致使被害人怀孕的，处五年以上十五年以下监禁。

三、犯第一款和第二款之罪造成被害人死亡的，或者被害人为儿童的，处十年以上监禁或者无期徒刑。

第一百八十条　与儿童性交

一、与儿童发生性关系或者实施其他类似性行为的,处五年以上十二年以下监禁。

二、犯第一款之罪造成被害儿童严重身体伤害的,数人与被害儿童发生性关系的,致使被害儿童怀孕的,处五年以上十五年以下监禁。

三、犯第一款和第二款之罪造成被害儿童死亡的,处十年以上监禁或者无期徒刑。

四、如果实施第一款之行为者,其心理或身体发育情况和被害儿童之间没有明显差异的,则不应作为犯罪处罚。

第一百八十一条　滥用优势地位性交

一、滥用优势地位诱使下属或者抚养对象与其发生性关系或者实施其他类似性行为的,处三个月以上三年以下监禁。

二、对青少年负有学习、教育、监护或者照顾等特殊职责的教师、助教、监护人、养父母、继父或者其他人,滥用职权与该青少年发生性关系或者实施其他类似性行为的,应处一年以上十年以下监禁。

三、针对儿童犯第二款之罪的,处五年以上十二年以下监禁。

四、犯第一款至第三款之罪导致被害人怀孕的,犯第一款之罪的,处六个月以上五年以下监禁;犯第二款之罪的,处二年以上十二年以下监禁;犯第三款之罪的,处五年以上十五年以下监禁。

五、犯第三款之罪导致被害儿童死亡的,处十年以上监禁或者无期徒刑。

第一百八十二条　实施被禁止的性行为

一、在本法第一百七十八条第一款和第二款、第一百七十九条第一款以及第一百八十一条第一款和第二款所规定的情况下,实施其他性行为的,处罚金或者三年以下监禁。

二、在本法第一百八十条第一款和第一百八十一条第三款所规定的情况下,实施其他性行为的,处六个月以上五年以下监禁。

三、犯第一款和第二款之罪造成被害人严重身体伤害的,数人针对被害人实施该犯罪的，手段特别残忍、卑鄙的，处二年以上十年以下监禁。

四、犯第一款和第二款之罪造成被害人死亡的，处五年以上监禁。

第一百八十二条之 a　性骚扰

一、对他人实施性骚扰的，处罚金或者六个月以下监禁。

二、犯第一款之罪，被害人为未成年人的，处三个月以上三年以下监禁。

三、性骚扰是指在性生活领域针对、侵犯一个人的尊严，造成恐惧或者制造一个敌意的、有辱人格的或冒犯性的环境的每一言语、非言语或身体行为。

四、犯第一款之罪的，告诉的才处理。

第一百八十三条　介绍以及促成性行为

一、介绍他人与未成年人发生性关系、实施其他类似性行为或者其他性行为的，处一年以上八年以下监禁，并处罚金。

二、促成他人与未成年人发生性关系、实施其他类似性行为或者其他性行为的，处六个月以上五年以下监禁，并处罚金。

第一百八十四条　组织卖淫

一、促使、诱使他人实施卖淫活动的，以卖淫为目的而参与将人员交与他人的，通过媒体或其他方式推销或宣传卖淫的，处六个月以上五年以下监禁，并处罚金。

二、针对未成年人犯第一款之罪的，处一年以上十年以下监禁，并处罚金。

第一百八十五条　展示、购买及持有淫秽物品、未成年人淫秽物品

一、向青少年出售、显露、公开展示或者以其他方式使青少年能够接触到含有淫秽内容的文本、图片、声像资料或其他物品的，或者向青少年展示淫秽表演的，处罚金或者六个月以下监禁。

二、利用青少年制作含有淫秽内容的文本、图片、视听资料或者其他物品的，或者利用青少年进行淫秽表演的，处六个月以上五年以下监禁。

三、针对儿童犯第一款和第二款之罪，犯本条第一款之罪的，处六个月以上三年以下监禁；犯第二款之罪的，处一年以上八年以下监禁。

四、持有、出售、显露、公开展示、为自己或者他人获取，或者以其他方式获取包含未成年人淫秽内容的图片、视听资料或其他物品的，处三个月以上三年以下监禁。

五、利用信息技术手段故意获取含因虐待未成年人而产生的有淫秽内容的图片、视听资料或者其他物品的，处罚金或者六个月以下监禁。

六、因虐待未成年人而产生的淫秽内容(儿童淫秽制品)，应视为包括在视觉上展示未成年人参与实际或者模拟性露骨行为的每一种材料，以及为性目的展示儿童生殖器的每一个实例。

七、第一款至第四款所涉的物品，应当予以没收。

第一百八十五条之a　诱使儿童参与性行为

一、诱使儿童参与强奸、其他类似性行为的，处一年以上八年以下监禁。

二、通过使用暴力、胁迫手段，实施第一款之罪的，处二年以上十年以下监禁。

第一百八十五条之b　滥用计算机网络或者其他通信技术手段侵犯未成年人性自由

一、意图实施本法第一百七十八条第四款、第一百七十九条第三款、第一百八十条第一款和第二款、第一百八十一条第二款和第三款、第一百八十二条第一款、第一百八十三条第二款、第一百八十四条第三款*、第一百八十五条第二款以及第一百八十五条之a规定的犯罪，使用计算机网络或者其他通信技术手段，与青少年人进行约会并出现在约会地点的，处六个月以上五年以下监禁，并处罚金。

二、针对儿童犯第一款之罪的，处一年以上八年以下监禁。

第一百八十六条　(已废止)

---

* 塞尔维亚语版本和英文版本的《塞尔维亚刑法典》第一百八十四条均只有两款，此处根据两个版本的第一百八十五条之b原文直译而来，未做改动。——译者注

第十九章　侵犯婚姻及家庭关系的犯罪

第一百八十七条　重婚

一、已经结婚,又与其他人结婚的,处罚金或者二年以下监禁。

二、明知对方已经结婚,而与之结婚的,依照第一款之规定处罚。

第一百八十七条之 a　强迫结婚

一、使用暴力或威胁强迫他人结婚的,处三个月以上三年以下监禁。

二、凡为实施第一款之行为,将他人带出境外,或者基于同样的目的带领其出境的,处二年以下监禁。

第一百八十八条　(已废止)

第一百八十九条　(已废止)

第一百九十条　与青少年同居

一、成年人与青少年同居的,处三年以下监禁。

二、青少年的父母、养父母,或者其监护人促成、诱使青少年与他人同居的,依照第一款之规定处罚。

三、以牟利为目的犯第二款之罪的,处六个月以上五年以下监禁。

四、如果成年人已经同青少年结婚的,则不应提起公诉。如果已经提起公诉的,则应撤诉。

第一百九十一条　拐骗未成年人

一、非法拘禁、拐骗未成年人脱离其父母、养父母、监护人、接受委托照顾未成年人的机构或者人员的控制的,或者阻止执行将未成年人监护权授予特定人的决定的,处罚金或者三年以下监禁。

二、针对新生儿犯下第一款之罪的,处六个月以上五年以下监禁。

三、阻止执行主管当局所作出的,以某一特定方式来维持未成年人和其父母或亲属之间个人关系的相关决定的,处罚金或者二年以下监禁。

四、如果第一款和第二款之罪,是出于牟利目的或者其他卑劣动机而犯下的,或者严重损害未成年人的健康、照护、教育的,或者是以有组织犯罪集团形式犯下的,处一年以上十年以下监禁。

五、犯第一款、第二款和第四款之罪的犯罪人,出于自愿将未成年人移交给监护未成年人的个人或机构的,或者使监护令得以执行的,可以免予处罚。

六、如果对犯第一款至第四款之罪的犯罪人宣告适用缓刑,法院可责令犯罪人在指定的时间内将未成年人移交给监护未成年人的个人或机构,或者执行主管当局所作出的,以某一特定方式来维持未成年人和其父母或亲属之间个人关系的相关决定。

第一百九十二条　改变家庭身份

一、采用调换、代替,或者以其他方式,改变儿童的家庭身份的,处六个月以上五年以下监禁。

二、医疗机构的医生为改变家庭身份而宣布新生婴儿死亡的,依照第一款规定处罚。

三、为谋取利益,通过滥用职权惯常参与第一款和第二款之罪的,或者通过有组织犯罪集团犯第一款和第二款之罪的,处一年以上十年以下监禁。

四、过失犯第一款之罪的,处三个月以下监禁。

第一百九十三条　疏于照顾及虐待未成年人

一、父母、养父母、监护人或其他人,严重懈怠其应承担的照顾及养育未成年人之职责的,处三年以下监禁。

二、父母、养父母、监护人或其他人,虐待未成年人的,强迫未成年人从事与其年纪不相符之工作的,欺骗他人,以牟利为目的诱使未成年人实施其他有害其身心发展的活动的,处三个月以上五年以下监禁。

第一百九十四条　家庭暴力

一、使用暴力或威胁攻击他人生命、身体,或者实施粗鲁的、残忍的行为,并因此严重危及其家庭成员的安宁、身体健康、精神状况的,处三个月以上三年以下监禁。

二、犯第一款之罪时,使用武器、危险器具,或者容易造成严重身体伤害或者严重健康损害的器具的,处六个月以上五年以下监禁。

三、犯第一款和第二款之罪造成被害的家庭成员严重身体伤害、严重健康损害的,或者被害的家庭成员是未成年人的,处二年以上十年以下监禁。

四、犯第一款和第二款之罪造成被害的家庭成员死亡的,处五年以上十五年以下监禁;被害的家庭成员是未成年人的,处十年以上监禁。

五、违反法庭依照法律所作出的,旨在防范家庭暴力的某些措施的,处三个月以上三年以下监禁,并处罚金。

第一百九十五条　拒不支付抚养费

一、行为人拒不向其有义务抚养的人支付法庭生效判决或法庭最终调解或者有关主管机关所确定的抚养费的,处罚金或者二年以下监禁。

二、就第一款中的行为人而言,如果其有正当理由而不能支付抚养费的,则不能予以处罚。

三、犯第一款之罪对被抚养人造成严重危害后果的,处三个月以上三年以下监禁。

四、如果法庭对犯罪人宣告了缓刑,法庭应当命令犯罪人对其所应承担之义务作出周密安排,并在将来按期支付抚养费。

第一百九十六条　未履行家庭义务

一、严重违反法定家庭义务,致使没有自我照顾能力的家庭成员处于危险境地的,处三个月以上三年以下监禁。

二、犯第一款之罪造成家庭成员严重健康损害的,处一年以上五年以下监禁。

三、犯第一款之罪造成家庭成员死亡的,处一年以上八年以下监禁。

四、如果法庭就第一款和第二款之罪宣告缓刑,法庭可以命令犯罪人履行法律规定的家庭义务。

第一百九十七条　乱伦

成年人同其未成年直系后代血亲、未成年弟妹发生性关系或者实施其他类似性行为的，处六个月以上五年以下监禁。

第二十章　侵犯知识产权的犯罪

第一百九十八条　侵犯作者或者表演者的版权

一、以自己名义或他人名义出版或发行他人受版权保护的作品、表演的复制品的，或以其他方式公开展示他人的全部或部分受版权保护的作品或表演的，处罚金或者三年以下监禁。

二、未经作者许可，修改、改编他人享有版权的著作或他人已经被录制的表演的，处罚金或者一年以下监禁。

三、以侮辱作者或表演者的荣誉和名誉的方式将他人受版权保护的作品或表演的复制品投入流通的，处罚金或者六个月以下监禁。

四、第一款至第三款所涉的物品，应当予以没收。

五、犯第二款之罪的，由检察机关提起公诉；犯第三款之罪的，告诉的才处理。

第一百九十九条　未经授权使用他人享有版权或者邻接权的作品

一、未经许可出版、录制、复制或者以其他方式，部分或者全部公开受版权保护的作品、表演、唱片、影碟、节目、计算机程序、数据库的，处三年以下监禁。

二、发行，或者以发行为目的而持有被大量非法复制的他人已经享有版权的作品、表演、唱片、影碟、节目、计算机程序或者数据库的，依照第一款之规定处罚。

三、为自己或者第三人谋取物质利益，犯第一款和第二款之罪的，处六个月以上五年以下监禁。

四、生产、进口、发行、出售、出租、做广告而意图出售或出租，或者为商业目的而持有某种设备或装置,而该设备或装置的基本或主要用途在于其能够非法消除、破解用于保护版权、邻接权的某种技术手段,或者以侵犯版权、邻接权为目的,使他人能够使用、利用该种设备或装置的,处罚金或者三年以下监禁。

五、第一款至第四款所涉的物品应当予以没收和销毁。

第二百条 未经授权删除或者改变版权或者邻接权中的电子信息

一、未经授权,删除、改变版权、邻接权中的电子信息的,或者发行、进口、出口、播出或以其他方式公开赠送受到版权、邻接权保护的作品,但却未经授权而删除、改变该作品中的版权、邻接权电子信息的,处三年以下监禁,并处罚金。

二、第一款所涉的物品,应当予以没收。

第二百零一条 侵犯专利权

一、未经许可,生产、进口、出口、为发行而提供、发行、存储,或者出于商业目的而使用受到专利权保护的产品、程序的,处罚金或者三年以下监禁。

二、犯第一款之罪获利所得超过一百万第纳尔的,或者给他人造成一百万第纳尔的财产损失的,处一年以上八年以下监禁。

三、未经许可,在该专利依照法定程序而被公布之前,公布或者以其他方式公开展现专利研发人所申请专利实质内容的,处罚金或者二年以下监禁。

四、未经许可,提交专利申请的,或者在专利申请书中没有标明或虚假标明专利研发人姓名的,处六个月以上五年以下监禁。

五、第一款和第二款所涉的物品,应当予以没收并销毁。

第二百零二条 未经授权使用他人的设计

一、未经授权,在其流通的产品中使用他人正在申请设计权的设计或者已经受法律保护的设计的,处罚金或者三年以下监禁。

二、未经授权,在该设计依照法定程序而被公布之前,公布或者以其他方式公开展现该设计的实质内容的,处罚金或者一年以下监禁。

三、第一款所涉的物品,应当予以没收。

第二十一章　侵犯财产的犯罪

第二百零三条　盗窃

一、以自己或者第三人非法占有财物为目的，窃取他人动产的，处罚金或者三年以下监禁。

二、犯第一款之罪未遂的，应予以处罚。

第二百零四条　加重盗窃

一、犯盗窃罪（本法第二百零三条）时，如果以下列方式实施盗窃的，处一年以上八年以下监禁：

（一）使用暴力，破门而入在封闭的建筑物、公寓、房间、保险柜、储物间或者其他封闭的空间中实施的，通过排除机械或者电子装置而实施的，通过排除其他重大障碍而实施的；

（二）数人共同实施的；

（三）以特别危险或者鲁莽之方式实施的；

（四）为攻击或者防御，携带武器或者危险器具而实施的；

（五）在火灾、洪灾、地震及相似灾害发生期间实施的；

（六）利用他人残弱无助状态实施的，或者乘人之危而实施的。

二、如果被盗物品的价值超过四十五万第纳尔的，依照第一款之规定处罚。

三、被盗物品为文化资源，即受优先保护的资源，或者自然资源，或者被盗物品为供水、排污、供热、燃气、电力、其他能源公共设施、公共交通系统和通信设备的一部分，无论被盗物品的价值如何，依照第一款之规定处罚。

四、第一款之罪是由有组织犯罪团伙实施的，或者被盗物品的价值超过一百五十万第纳尔的,处二年以上十年以下监禁。

第二百零五条　重大盗窃

一、在实施盗窃行为(本法第二百零三条)而被抓捕过程中,使用暴力或者以直接攻击他人生命或者身体为胁迫,窝藏赃物的,处一年以上十年以下监禁。

二、如果被盗物品的价值超过一百五十万第纳尔的,处二年以上十二年以下监禁。

三、如果第一款至第三款*之罪是以犯罪团伙形式犯下的,或者故意造成被害人严重身体伤害的,处三年以上十五年以下监禁。

四、以有组织犯罪集团形式犯第一款至第三款之罪的,处五年以上监禁。

第二百零六条　抢劫

一、以为自己或者第三人非法占有财物为目的,使用暴力或者以直接攻击他人生命或身体为胁迫,劫取他人动产的,处二年以上十年以下监禁。

二、以犯罪团伙形式犯第一款之罪的,在犯第一款之罪时故意造成被害人严重身体伤害的,被劫取物品的价值超过一百五十万第纳尔的,处三年以上十五年以下监禁。

三、以有组织犯罪集团形式犯第一款之罪的,处五年以上监禁。

四、犯第一款之罪时,如果行为人以占有价值较小的财物为目的,并且被劫取物品的价值低于五千第纳尔的,处三年以下监禁。

五、犯第四款之罪未遂的,应予处罚。

第二百零七条　侵占

一、以为自己或者第三人非法占有财物为目的,侵占受他人委托而代为保管的动产的,处二年以下监禁,并处罚金。

二、监护人犯第一款之罪的,处三个月以上三年以下监禁,并处罚金。

三、如果被侵占物品的价值超过四十五万第纳尔的,处六个月以上五年以下监禁,并处罚金。

---

* 此处根据塞尔维亚语版本和英文版本的《塞尔维亚刑法典》第二百零五条第三款原文直译而来,未做改动。——译者注

四、如果被侵占的物品以及受优先保护的物品的价值超过一百五十万第纳尔的，处一年以上八年以下监禁，并处罚金。

五、以为自己或者第三人非法占有为目的，侵占其发现的或者偶然获取的他人动产的，处罚金或者一年以下监禁。

六、被侵占的物品为公民财产的，依照第一款和第五款之罪提起公诉。

第二百零八条　诈骗

一、以为自己或者第三人非法占有财物为目的，通过虚构事实或隐瞒真相的手段欺骗他人，或者使他人处于被欺骗的状态，从而诱使他人实施损害其财产或他人财产的行为，处六个月以上五年以下监禁，并处罚金。

二、以给他人造成财产损失为目的犯第一款之罪的，处六个月以下监禁，并处罚金。

三、犯第一款和第二款之罪获取物质利益超过四十五万第纳尔的，或者给被害人造成超过四十五万第纳尔的财产损失的，处一年以上八年以下监禁，并处罚金。

四、犯第一款和第二款之罪获利超过一百五十万第纳尔的，或者给被害人造成超过一百五十万第纳尔的财产损失的，处二年以上十年以下监禁并处罚金。

第二百零八条之 a　（已废止）

第二百零八条之 b　安排比赛结果

一、安排体育或者其他比赛结果，意图为自己或者他人获取物质利益的，处六个月以上三年以下监禁，并处罚金。

二、犯第一款之罪并因此获得的物质利益超过四十五万第纳尔的，处一年以上八年以下监禁，并处罚金。

三、犯第一款之罪并因此获得的物质利益超过一百五十万第纳尔的，处二年以上十年以下监禁，并处罚金。

四、犯第一款之罪未遂的，应予处罚。

第二百零九条　以虚假理由获得并使用信贷或者其他利益

一、本来并不符合相关要求，使用虚假陈述事实、隐瞒真相的手段，为自己或者他人获取信贷、津贴、其他利益的,处罚金或者二年以下监禁。

二、未按照下发信贷、津贴、其他利益时所规定的用途使用所获得信贷、津贴、其他利益的,处罚金或者一年以下监禁。

三、企业或者商业组织中的责任人员,为了企业或者商业组织而获得信贷、津贴、其他利益的,依照第一款之规定处罚;企业或者商业组织中的责任人员,没有按照规定的用途而使用信贷、津贴、其他利益的,依照第二款之规定处罚。

第二百一十条　轻微盗窃、侵占及诈骗

一、实施轻微盗窃、侵占及诈骗行为的,处罚金或者六个月以下监禁。

二、如果盗用、侵占的财产价值,或者诈骗所造成的损害不超过五千第纳尔,并且是以获取小额财物利益或以造成轻度损害为目的的,则属于轻微盗窃、侵占及诈骗。

三、针对私有财产犯第一款之罪的,告诉的才处理。

第二百一十一条　挪用他人财物

一、无占有他人财物之目的,非法挪用他人动产的,处罚金或者六个月以下监禁。

二、如果所挪用的财物的价值超过一百五十万第纳尔的,或者属于文化资源的,处三个月以上三年以下监禁,并处罚金。

三、针对私有财产犯第一款和第二款之罪的,告诉的才处理。

第二百一十二条　破坏、毁损他人财物

一、破坏、毁损或者以其他方式使他人财物无法使用的,处罚金或者六个月以下监禁。

二、犯第一款之罪导致损害超过四十五万第纳尔的,处罚金或者二年以下监禁。

三、犯第一款之罪导致损害超过一百五十万第纳尔的,或者犯罪针对文化资源、不可移动文化资源之受保护环境、受优先保护的资源的,处六个月以上五年以下监禁。

四、针对私有财产犯第一款至第三款之罪的,告诉的才处理。

第二百一十三条　未经许可使用他人机动车

一、未经权利人许可，使用他人机动车的，处罚金或者三年以下监禁。

二、使用暴力或者强行进入机动车，或者使用暴力或威胁手段，犯第一款之罪的，处六个月以上五年以下监禁，并处罚金。

三、犯第一款之罪未遂的，应予处罚。

第二百一十四条　强取

一、意图为自己或者他人获取非法财产利益，使用暴力或者威胁手段，强迫被害人实施行为损害本人或者其他人财物的，处一年以上八年以下监禁。

二、犯第一款之罪获得物质利益超过四十五万第纳尔的，处二年以上十年以下监禁。

三、犯第一款之罪获得物质利益超过一百五十万第纳尔的，处三年以上十二年以下监禁。

四、习惯性犯第一款至第三款之罪的，或者以犯罪团伙形式犯本条第一款至第三款之罪的，处五年以上十五年以下监禁。

五、以有组织犯罪集团形式犯第一款至第三款之罪的，处五年以上监禁。

第二百一十五条　敲诈勒索

一、意图为自己或者他人非法占有财产利益，威胁披露不利于被害人或者与其关系密切的人的能够损害他们荣誉或者名誉的相关情况，并因此迫使被害人实施行为损害其本人或者其他人财产的，处六个月以上五年以下监禁。

二、犯第一款之罪获得物质利益超过四十五万第纳尔的，处一年以上八年以下监禁。

三、犯第一款之罪获得物质利益超过一百五十万第纳尔的，处二年以上十年以下监禁。

四、习惯性犯第一款至第三款之罪的，或者以犯罪团伙形式犯第一款至第三款之罪的，处三年以上十二年以下监禁。

五、以有组织犯罪集团形式犯第一款至第三款之罪的，处五年以上十五年以下监禁。

第二百一十六条　滥用委托权

一、作为被害人之代理人而滥用授予的委托权，意图为自己或者他人获取利益或者给被害人造成损害的，处罚金或者三年以下监禁。

二、犯第一款之罪获得物质利益超过四十五万第纳尔的，处六个月以上五年以下监禁。

三、犯第一款之罪获得物质利益超过一百五十万第纳尔的，处一年以上八年以下监禁。

四、监护人或者律师犯第一款之罪的，处六个月以上五年以下监禁；犯第二款之罪的，处一年以上八年以下监禁；犯第三款之罪的，处二年以上十年以下监禁。

第二百一十七条　发放高利贷

一、利用他人的经济窘迫、处境艰难、贫穷、轻率、缺乏判断能力，在向他人提供贷款或者其他消费类物品时，要求收取过于高昂的物质利益的，处三年以下监禁，并处罚金。

二、犯第一款之罪，导致给被害人造成严重后果的，或者获得物质利益超过四十五万第纳尔的，处六个月以上五年以下监禁，并处罚金。

三、犯第一款之罪，因此获得物质利益超过一百五十万第纳尔的，或者以团伙形式犯第一款之罪的，处一年以上八年以下监禁，并处罚金。

四、犯第一款之罪的，告诉的才处理。

第二百一十八条　擅自占据他人土地

一、非法占据他人土地的，处罚金或者三年以下监禁。

二、被占据土地中包括受保护森林、国家公园、其他具有特殊用途的土地的，处六个月以上五年以下监禁。

三、犯第一款之罪的，须依照提议才能提起公诉。

第二百一十九条　非法占据他人建筑物

一、非法占据他人房屋、公寓、商业、其他建筑物的，处罚金或者二年以下监禁。

二、如果法庭就第一款之罪宣告缓刑，则法庭应当责令犯罪人在指定的期限内撤出并腾空被非法占据的建筑物。

三、犯第一款之罪的,须依照提议才能提起公诉。

第二百一十九条之 a　非法建筑施工

一、承包商或者法人实体中的责任人员,没有取得建设施工许可,进行施工建设或者对现有建筑进行改建的,处三个月以上三年以下监禁,并处罚金。

二、投资人或者投资建筑的法人实体中的责任人员,没有取得建设施工许可进行施工建设的,处六个月以上五年以下监禁,并处罚金。

三、犯第一款和第二款之罪时,已经接到暂停施工的命令,但仍然继续施工的,处一年以上八年以下监禁,并处罚金。

四、负责建筑设计的人员、执行技术控制的人员,违反规则,无异议地批准所执行控制的最终报告的;或者违反规则,通过声明确认某重大工程项目是按照场地许可完成的,处三个月以上三年以下监禁,并处罚金。

第二百一十九条之 b　非法为建筑工地联通技术性基础设施

个体或某一法人实体中的责任人员,违反建筑施工的相关规则,为未获取建筑施工许可的建筑工地或建筑结构联通电力、供水、排污、道路、通信等基础设施的,或者允许进行前述联通的,处三个月以上三年以下监禁。

第二百二十条　妨碍他人行使权利

一、意图阻止他人行使其对某财物的权利,而变卖、破坏、损坏财物或者窃取属于自己的,但他人享有抵押权或用益权的财物,并因此给他人造成损失的,处罚金或者一年以下监禁。

二、强制执行程序期间,意图阻止债权人之债权获得清偿,而变卖、破坏、损坏或者隐瞒属于自己的部分财物,并因此给债权人造成损害的,依照第一款的规定处罚。

三、针对公民私有财产犯第一款和第二款之罪的,告诉的才处理。

第二百二十一条　窝藏赃物

一、明知是犯罪所得的赃物或者通过贩卖、交易而获取之赃物,而予以隐藏、流转、购买、典当接受或者以其他方式获得的,处罚金或者三年以下监禁。同时,窝赃罪的处罚不得超过获取该赃物所实施犯罪的法定处罚。

二、犯第一款之罪时，可能知道或者应当知道财物通过犯罪所得，处罚金或者一年以下监禁。

三、意图为自己或者他人获取非法物质利益，在归还该赃物时索要报酬，并且可能知道或者应当知道财物通过犯罪所得，如果该行为并不构成其他更严重犯罪的，处罚金或者二年以下监禁。

四、习惯性犯第一款与第三款之罪的，以团伙形式犯第一款之罪的，所窝藏赃物具有特殊或者极为重要的文化价值或者受到优先保护的，窝藏赃物为水、污水、暖气、天然气、电力或其他能源的公共设备或者公共交通和通信设备系统，即设备零部件的，窝藏赃物的价值超过一百五十万第纳尔的，处六个月以上五年以下监禁。

第二百二十一条之a　未经批准进出口文化资源

一、未经主管部门批准，将文化资源、受优先保护的资源带往境外、出口到境外、带往塞尔维亚的，处六个月以上五年以下监禁。

二、针对特殊或者极为重要的文化资源犯第一款之罪的，处一年以上八年以下监禁。

第二百二十二条　罪犯与被害人关系密切案件中的公诉

配偶、同居人士、直系血亲、兄弟姐妹、养父母、养子女或在同一住所中共同生活的人士犯本法第二百零三条、第二百零四条、第二百零八条、第二百一十三条、第二百一十六条第一款至第三款、第二百二十一条之罪的，告诉的才处理。

第二十二章　侵犯经济利益的犯罪

第二百二十三条　商业欺诈

一、开展商业活动时，意图为自己或他人获取非法物质利益，而以虚假陈述事实或隐瞒事实的手段误导被害人，或者维持这样的虚假信念，从而导致被害人作为或者不作为，由此对被害人工作、合作的商业实体、其他法人实体的资产造成损害的，处六个月以上五年以下监禁，并处罚金。

二、犯第一款之罪获得物质利益或者造成损害超过四十五万第纳尔的，处一年以上八年以下监禁，并处罚金。

三、犯第一款之罪获得物质利益或者造成损害超过一百五十万第纳尔的，处二年以上十年以下监禁，并处罚金。

第二百二十三条之 a　保险欺诈

一、破坏、损坏、隐藏投保对象，然后报告损害，意图从保险公司收取约定保险金的，处三个月以上三年以下监禁。

二、意图从保险公司收取约定保险金，而使自己遭受人身伤害、人身损伤或者健康受损，然后向保险公司索赔的，依照第一款的规定处罚。

三、犯第一款与第二款之罪获得物质利益或者造成损害超过四十五万第纳尔的，处一年以上八年以下监禁。

四、犯第一款与第二款之罪获得物质利益或者造成损害超过一百五十万第纳尔的，处二年以上十年以下监禁。

第二百二十四条　职务侵占

一、意图为自己或者他人谋取非法物质利益，而挪用其工作的商业实体委托给其负责的金钱、证券或其他动产的,处三个月以上五年以下监禁。

二、犯第一款之罪获得物质利益或者造成损害超过四十五万第纳尔的,处一年以上八年以下监禁。

三、犯第一款之罪获得物质利益或者造成损害超过一百五十万第纳尔的,处二年以上十二年以下监禁。

第二百二十四条之 a　商业活动中的滥用委托权

一、意图为自己或者他人谋取非法物质利益,而给担任代理予以代表的商业实体或者托管的财产造成重大损害的,处三年以下监禁。

二、犯第一款之罪获得物质利益或者造成损害超过四十五万第纳尔的,处一年以上八年以下监禁。

三、犯第一款之罪获得物质利益或造成损害超过一百五十万第纳尔的,处二年以上十年以下监禁。

第二百二十五条　逃税

一、意图使自己或他人逃避缴纳全部或部分税款、强制缴纳款或其他法定应付款项的义务,而提供赚取收入、财产以及确定该等责任的其他相关事实的虚假信息的;或者出于相同意图,在提交强制性纳税申报单时,未能申报赚取收入,即财产,或确定该等责任的其他相关事实的;或者出于相同意图,以其他方式隐瞒确定前述责任相关信息的,并且逃避责任金额超过一百万第纳尔的,处一年以上五年以下监禁,并处罚金。

二、犯第一款之罪并且逃税金额超过五百万第纳尔的,处二年以上八年以下监禁,并处罚金。

三、犯第一款之罪并且逃税金额超过一千五百万第纳尔的,处三年以上十年以下监禁,并处罚金。

第二百二十六条　逃避预扣税[*]

一、纳税法人中的责任人与纳税企业的企业主,意图逃避履行缴纳预扣税、

---

* 预扣税是东道国政府按支付给外国投资者的股利、商标、专利、技术等特许使用费或利息所征收的税种。预扣税税率的大小各国不同,取决于该国是否与别国签订税收协定。——译者注

强制性社会保障预扣缴纳款义务或者其他规定义务，而不向规定的公共收入账户缴纳所计算预扣税金额，即强制性社会保障预扣缴纳款的，或者未能支付其他规定税款的，处三年以下监禁，并处罚金。

二、犯第一款之罪并且已计算的未付金额超过一百五十万第纳尔的，处六个月以上五年以下监禁，并处罚金。

三、犯第一款之罪并且已计算的未付金额超过七百五十万第纳尔的，处一年以上十年以下监禁，并处罚金。

第二百二十七条　滥用责任人职位

一、责任人通过滥用其职位或者权力，超出其权力的范围或者未能履行其职责，而为自己、其他自然人、法人实体获取非法物质利益，或者对他人造成重大损害，尚未构成其他犯罪的，处三个月以上三年以下监禁。

二、犯第一款之罪获得物质利益超过四十五万第纳尔的，处六个月以上五年以下监禁。

三、犯第一款之罪获得物质利益超过一百五十万第纳尔的，处二年以上十年以下监禁。

第二百二十八条　公共采购相关的滥用行为

一、有关公共采购人员，意图在公共采购中影响买方决策，而根据虚假信息投标的，或者与其他投标人作出非法安排的，或者采取其他非法行动的，处六个月以上五年以下监禁。

二、公共采购中，买方人员滥用自己的职位或者权力，超出其权力范围或者未能履行其职责，违反适用于公共采购的法规或者其他规则，并因此损害公共资金的，依照第一款的规定处罚。

三、犯第一款与第二款之罪并且相关公共采购价值超过一亿五千万第纳尔的，处一年以上十年以下监禁。

四、犯第一款之罪的行为人，如果自愿披露投标是基于虚假信息或者与其他投标人的非法协议，或者自愿披露其为在买方的合同签订决定之前影响买方决策而实施了其他非法行动的，可以免予处罚。

第二百二十八条之 a　私有化程序中的滥用行为

一、在私有化程序中，通过提交基于虚假信息的要约，或者通过与私有化程序中的其他参与者合作而作出非法安排，或者通过采取其他非法活动，而影响程序过程或主管私有化程序实施组织的决策的，处六个月以上五年以下监禁。

二、公职人员滥用自己的职位或权力，超出其权力范围或者未能履行其职责，违反适用于私有化的法律法规，并且因此给私有化资本、财产造成损失的，依照第一款的规定处罚。

三、犯第一款与第二款之罪并且相关私有化资本或者财产的估计价值超过三亿第纳尔的，处一年以上十年以下监禁。

第二百二十九条　签订限制性协议

一、商业实体签订限制性协议，决定价格、限制生产或者销售，即分割市场，而未被反不正当竞争法中的禁令豁免的，处六个月以上五年以下监禁，并处罚金。

二、犯第一款之罪的行为，若符合反不正当竞争法中的竞争保护措施中规定的义务免除条件的，可以免予处罚。

第二百三十条　商业受贿

一、为自己或者他人从事商业活动，直接或间接地索取、接受报酬或某种其他利益的；或者接受他人承诺的报酬、某种其他利益而签订合同，或达成商业协议，或提供服务，或不进行该等行为，或在开展商业活动中违反其他职责，不利于或者有利于某一商业实体或为其工作或者合作的其他法人实体或他人的，处一年以上八年以下监禁。

二、犯第一款之罪的行为人，在签订合同或达成商业协议之后，或者在提供服务或不进行该等行为之后，为自己或他人索取、收受报酬或其他利益，或者接受有关报酬、其他利益的承诺的，处三年以下监禁。

三、收受的报酬与物质利益，应当予以没收。

第二百三十一条　商业行贿

一、向他人给予、提供、承诺报酬或其他利益，以便自己在从事商业活动时可签订合同或达成商业协议或提供服务或不进行该等行为的，或者让他人在从事商业活动时违反其他职责，从而不利于或者有利于某一商业实体或为其工作或者合作的其他法人实体或自然人的；或者在给予报酬、某种其他利益活动中担任中间人的，处三个月以上三年以下监禁。

二、犯第一款之罪的行为人，应某一人员要求给予报酬或提供其他利益以便可在从事业务活动时签订合同、达成商业协议、提供服务或者违反职责的，在知道该行为已被揭发之前举报犯罪的，可以免予处罚。

三、收受的报酬与物质利益，应当予以没收。

第二百三十二条　致使破产

具备法人资格的商业实体，通过不当处置财产，或者通过以极低的价格变卖财物，或者通过过度负债、承担不相称的义务、与不具有清偿能力的人签订不合理的合同、不按时主张债权、破坏或隐瞒财产或者以其他方式违背勤勉谨慎的商业经营原则，导致自身破产并且因此给他人造成损害的，处六个月以上五年以下监禁。

第二百三十二条之 a　虚假破产

一、具备法人资格的商业实体，意图逃避履行实体责任，采取以下措施使实体资产虚假或者实际减值而造成实体破产的，处六个月以上五年以下监禁：

（一）隐瞒、虚假出售、低于市场价格出售或者未要求任何补偿而放弃实体的全部或部分资产的；

（二）签订虚假债务协议，或者承认不存在的债权的；

（三）隐瞒、破坏、篡改依照法律应当保存的商业账簿，并因此致使业绩或资产或负债状态难以确定，或者通过伪造文件或以其他方式导致破产程序被启动的。

二、犯第一款之罪给债权人造成严重后果的，处二年以上十年以下监禁。

第二百三十三条　损害债权人利益

一、商业实体中的行为人，明知该商业实体不具有清偿能力，而清偿某一债务，或者以其他方式故意给予某些债权人特殊关照，并因此严重损害其他债权人利益的，处三个月以上三年以下监禁。

二、第一款中的人员，明知实体不具有清偿能力，意图欺诈、损害债权人利益，承认虚假的债权，或者使虚假合同生效，或者以其他欺骗性行为损害债权人的利益，处三个月以上五年以下监禁。

三、犯第一款和第二款之罪给债权人造成大规模损害的，或者导致强制清算程序或破产程序被启动的，处一年以上八年以下监禁。

第二百三十四条　非法生产

一、未经授权，生产、加工须经主管部门许可才能生产或加工的商品的，处罚金或者二年以下监禁。

二、生产或加工禁止生产或加工的商品的，处三年以下监禁。

三、非法生产、加工的商品以及工具，应当予以没收。

第二百三十五条　非法贸易

一、未经贸易许可，以销售为目的，采购具有较高价值的商品、其他物品的，或者未经许可，在较大范围内从事贸易或贸易中介活动、经营国内外贸易或者服务的代理业务的，处罚金或者二年以下监禁。

二、销售非法组织生产的商品的，处三个月以上三年以下监禁。

三、非法出售、购买、交换禁止或限制流通的商品、物品的，依照第二款的规定处罚。

四、犯第一款至第三款之罪，组织经销商或者中间商网络的，或者所获物质收益超过四十五万第纳尔的，处六个月以上五年以下监禁。

五、对非法交易的商品、物品，应当予以没收。

第二百三十六条　走私

一、逃避海关监管，携带货物越境的，以携带武器、犯罪团伙或者暴力、威胁的方式逃避海关监管，携带货物越境的，处六个月以上五年以下监禁，并处罚金。

二、销售、分销、隐藏未清关货物，或者组织经销商或中间商网络分销此类货物的，处一年以上八年以下监禁，并处罚金。

三、第一款和第二款所涉的货物，应当予以没收。

四、将车辆、其他运输工具的秘密、隐藏隔间用于运输第一款罪行所涉货物的，或者意图用于实施此类犯罪，此类车辆的所有者或使用者已经知道或可能知道，并且有义务知道此类犯罪行为的，其车辆、其他运输工具应当予以没收。

第二百三十七条　预防性控制

阻止监管部门查阅业务账簿或其他文件的，或者阻止对物品、营业场所、其他设施进行检查的，处罚金或者一年以下监禁。

第二百三十八条　未经授权使用他人的企业名称和其他商品或者服务的特殊标志

一、以欺骗服务的购买者、消费者为目的，使用他人企业名称、原产地地理标志、商标、商品、服务特殊标志的，或者企业名称、原产地地理标志、商标、商品、服务特殊标志中含有上述标志的个别特征的，处罚金或者三年以下监禁。

二、以销售较大数量或价值的商品为目的，获得、生产、加工、流通、出租、储存第一款所涉商品的，或者未经授权使用他人的标志提供服务的，处六个月以上五年以下监禁。

三、如果本条第二款规定的行为人组织经销商、中间商网络的，或者所获物质利益超过一百五十万第纳尔的，处一年以上八年以下监禁。

四、第一款至第三款所涉的物品，应当予以没收。

第二百三十九条　损害商业信誉和信用评级

一、以损害他人商业信誉或者信用评级为目的，散布他人不实信息或者虚假宣传商业活动的，处罚金或者一年以下监禁。

二、犯第一款之罪造成严重后果的，处三个月以上三年以下监禁。

三、犯第一款和第二款之罪的，告诉的才处理。

第二百四十条　泄露商业秘密

一、未经授权向他人传达、移交或以任何其他方式提供商业秘密的，或者以将商业秘密移交给未经授权人员为目的，而设法获取商业秘密的，处六个月以上五年以下监禁。

二、出于私利或者针对特别机密信息犯第一款之罪的，处二年以上十年以下监禁，并处罚金。

三、过失犯第一款之罪的，处三年以下监禁。

四、依照法规、其他规则或者主管机关依法所作的决定，商业秘密包括法律规定的商业秘密信息和文件,泄露此类信息会对企业组织造成或者可能造成不良后果。

第二百四十一条　伪造货币

一、以作为真币投入流通为目的,伪造货币或者变造真币的,处二年以上十二年以下监禁,并处罚金。

二、以作为真币投入流通为目的获取伪造的假币,或者将获取的伪造的假币投入流通的,处一年以上十年以下监禁,并处罚金。

三、犯第一款和第二款之罪,伪造、变造、流通或者获取的本国货币或外国货币面值总额超过一百五十万第纳尔的,处五年以上十五年以下监禁,并处罚金。

四、明知系伪造的货币仍然收取并将其作为真币投入流通的,或者明知他人伪造货币或者明知伪造的货币在流通,而不向有关部门举报的,处罚金或者三年以下监禁。

五、伪造的货币应当予以没收。

第二百四十二条　伪造证券

一、以冒充真证券使用为目的,伪造、变造证券的,或者将伪造、变造的证券交由他人使用的,或者将这些伪造的证券当作真证券使用的,或者以上述目的获取伪造的证券的,处一年以上八年以下监禁,并处罚金。

二、第一款中的伪造的证券面值总额超过一百五十万第纳尔的,处二年以上十二年以下监禁,并处罚金。

三、明知系伪造的证券而收取该证券,并将其投入流通使用的,处三年以下监禁,并处罚金。

四、伪造的证券应当予以没收。

第二百四十三条　伪造和滥用支付卡

一、以冒充真支付卡使用为目的,伪造、变造支付卡,或者将伪造、变造的支付卡冒充真支付卡使用的,处六个月以上五年以下监禁,并处罚金。

二、犯第一款之罪,并通过使用支付卡获取非法物质利益的,处一年以上八年以下监禁,并处罚金。

三、犯第一款之罪,并获取超过一百五十万第纳尔的非法物质利益的,处二年以上十二年以下监禁,并处罚金。

四、未经授权使用他人支付卡,或者在支付业务中,通过专门监管此类卡的机密数据而实施此类犯罪的,依照第二款和第三款的规定处罚。

五、以将假支付卡作为真支付卡使用为目的获得假支付卡的,或者以滥用数据伪造支付卡为目的而获取数据的,处罚金或者三年以下监禁。

六、伪造的支付卡,应当予以没收。

第二百四十四条　伪造价值代币

一、以冒充真价值代币为目的,伪造、变造价值代币的,将伪造、变造的价值代币交由他人使用的,将伪造、变造的价值代币当作真价值代币使用的,为了上述目的而获取伪造、变造的价值代币的,处三年以下监禁。

二、第一款规定中价值代币的总价值超过一百五十万第纳尔的,处一年以上八年以下监禁。

三、通过移除使价值代币失效的标志,试图使此类价值代币看似未使用过以便重新使用的,重用已使用过的价值代币的,将其作为有效代币出售的,处罚金或者一年以下监禁。

四、伪造的价值代币应当予以没收。

第二百四十四条之a　伪造符号,即国家货物标记、测量仪器及贵金属制品

一、以冒充真实标识为目的,伪造用于标识品牌木材、牲畜或其他商品的假图章、印章、商标、其他标识的;或者出于同样的意图,涂改真标记的,或者使用伪造、涂改的标识的,处罚金或者三年以下监禁。

二、以冒充真实标识为目的,伪造测量仪器类型认证证书、测量仪器印章证书或者检验标记,以及伪造其他符合规定的标志用于在计量和贵金属制品管制条例所指的贵金属制品计量器具和制品上贴标;或者以冒充真品为目的,更改原始证书或者国家标志和其他符合性标志的,或者将伪造、变造的证书标志、国家标志和其他符合性标志作为原标志使用的,处罚金或者二年以下监禁。

三、伪造的证书、国家标志和符号、带有伪造标志的测量仪器和贵重金属制品,应当予以没收。

第二百四十四条之 b　为他人制造、采购和提供伪造工具

一、为他人制造、采购、出售、提供伪造货币或者证券的工具的，处六个月以上五年以下监禁，并处罚金。

二、为他人制造、采购、出售、提供伪造支付卡、价值代币的工具的，处罚金或者三年以下监禁。

三、第一款和第二款所涉的工具，应当予以没收。

第二百四十五条　洗钱

一、明知财物系通过犯罪所得之赃物，有意隐瞒、谎报财产的非法来源而转换或者转移财产的，或者明知财产系通过犯罪所得之赃物，而隐瞒、谎报财产事实的，或者在收受财产时明知财产系通过犯罪所得之赃物，而予以获取、保管或者使用财产的，处六个月以上五年以下监禁，并处罚金。

二、第一款规定的金额或者资产价值超过一百五十万第纳尔的，处一年以上十年以下监禁，并处罚金。

三、通过犯罪获得财产，犯第一款和第二款之罪的，依照第一款和第二款的规定处罚。

四、以犯罪团伙形式犯下第一款和第二款之罪的，处二年以上十二年以下监禁，并处罚金。

五、可能知道并且应当知道该财物系通过犯罪所得之赃物，而犯第一款和第二款之罪的，处三年以下监禁。

六、法人组织的负责人可能知道并且应当知道财产系通过犯罪所得之赃物，而犯第一款、第二款、第五款之罪的，应当依照相应规定予以处罚。

七、第一款至第六款所涉的财物，应当予以没收。

第二十三章　危害人类健康的犯罪

第二百四十六条　非法生产和流通毒品

一、对宣告为毒品的物质、制剂进行非法生产、加工、销售和标价出售的，以销售目的购买、保管、运输的，促成买卖，或者使其非法流通的，处三年以上十二年以下监禁。

二、非法种植罂粟籽、影响精神的大麻或者其他含有毒品的植物的，处二年以上八年以下监禁。

三、以犯罪团伙形式犯第一款之罪的，或者行为人组织了经销商、中间商网络的，处五年以上十五年以下监禁。

四、向未成年人、心智丧失的精神病人、间歇性精神病人、严重精神障碍的人、吸毒成瘾的人出售、标价出售或者以进一步推销为目的免费提供毒品的；或者销售掺有可能导致严重损害健康的物质的毒品的；在教育及教养机构或者附近地区、实施刑事制裁的机构、公共场所及公共活动中，犯第一款之罪的；官员、医生、社会工作者、牧师或者受雇于教育及教养机构的人员因滥用职权，犯第一款和第二款之罪的；或者利用未成年人实施上述犯罪的；依照本条第三款的规定处罚。

五、以有组织犯罪集团形式犯第一款之罪的，处十年以上监禁。

六、如果犯第一款至第五款之罪，但透露购买毒品渠道的，可以免予处罚。

七、非法制造、获取、拥有或者提供已知用于生产毒品的设备、材料和物品的，处二年以上八年以下监禁。

八、毒品及其生产和加工工具，应当予以没收。

第二百四十六条之 a　非法持有毒品

一、非法持有少量毒品、制剂供自己使用的,处罚金或者三年以下监禁,也可以免予处罚。

二、非法大量持有毒品、制剂的,处三年以上十年以下监禁。

三、犯第一款和第二款之罪,并透露购买毒品渠道的,可以免予处罚。

四、如果犯下第二款之罪,并已被判处监禁的,不得按本法第四十五条第三款规定的方式执行。

五、毒品应当予以没收。

第二百四十七条　协助吸毒

一、诱使他人吸毒的,为他人提供毒品供其本人或者第三人使用的,将毒品放置于吸毒场所的,或者以其他方式诱使他人吸毒的,处六个月以上五年以下监禁。

二、对未成年人、心智丧失的精神病人、间歇性精神病人、严重精神障碍的人,吸毒成瘾的人,或者对多人犯下本条第一款之罪的,在教育及教养机构或者邻近地区、实施刑事制裁的机构、公共场所及公共活动中犯下上述罪行的,或者官员、医生、社会工作者、牧师或者受雇于教育及教养机构的人因滥用职权,犯下第一款和第二款罪行的,应处二年以上十年以下监禁。

三、犯第一款之罪造成他人死亡的,处三年以上十五年以下监禁。

四、毒品应当予以没收。

第二百四十八条　疫情期间未遵循卫生法规则

在危险的传染病流行期间,未遵循有关采取制止、预防传染病传播措施的规则、决定、命令的,处罚金或者三年以下监禁。

第二百四十九条　传播传染病

未遵循有关制止、预防传染病传播措施的规则、决定、命令,致使传染病传播的,处三年以下监禁。

第二百五十条　传播艾滋病毒

一、故意使他人感染艾滋病毒的,处二年以下监禁。

二、故意不遵守预防艾滋病毒传播的规则与措施,因过失将艾滋病毒传染给他人的,处一年以上五年以下监禁。

三、明知已感染艾滋病毒,却故意将艾滋病毒传染给他人的,处二年以上十二年以下监禁。

四、犯第三款之罪造成被感染者死亡的,处五年以上十五年以下监禁。

五、过失犯第三款之罪造成第三款之危害结果的,处三年以下监禁;造成第四款之危害结果的,处六个月以上五年以下监禁。

第二百五十一条　医疗事故

一、医生在提供医疗服务时,手段明显不足、治疗明显不当、卫生标准不规范或者明显未认真尽职,致使病人健康状况恶化的,处三个月以上三年以下监禁。

二、第一款规定的处罚,适用于在提供医疗援助、护理或者进行其他医疗活动时,明显不尽责,从而导致病人健康状况恶化的其他医务人员。

三、过失犯第一款和第二款之罪的,处罚金或者一年以下监禁。

第二百五十二条　非法进行医学实验和药物测试

一、违反规则,对人体进行医学或者类似实验的,处三个月以上五年以下监禁。

二、第一款规定的处罚,也适用于克隆人类行为,或者以此目的进行实验的行为。

三、违反规则,进行药物临床试验的,处三个月以上三年以下监禁。

第二百五十三条　未能提供医疗援助

一、医生违背其职责,拒绝对需要医疗救治的人员、生命垂危的人员、面临严重身体伤害的疾病侵袭的人员、面临健康严重恶化的人员提供医疗救助的,处罚金,或者二年以下监禁。

二、犯第一款之罪并因此导致未得到医疗援助的患者的身体严重受损,或者健康状况严重恶化的,处六个月以上五年以下监禁。

三、犯第一款之罪导致未得到医疗援助的人死亡的,处一年以上八年以下监禁。

第二百五十四条　非法行医

一、无相应资质，从事医疗救治，或者提供其他医疗服务的，处罚金或者三年以下监禁。

二、无相应资格，从事药品配制、发放的，依照第一款的规定处罚。

第二百五十五条　药品配制和发放中的失职行为

一、在不允许更换药品的情况下，有资格发放医疗用药品的人员发放其他药品，以代替处方或者要求的药品的，或者未按规定的比例或数量配制药品的，或者在发放药品时明显失职，从而导致患者健康状况恶化的，处三年以下监禁。

二、过失犯第一款之罪的，处罚金或者一年以下监禁。

第二百五十六条　有害产品的生产和流通

一、以销售为目的生产、销售、流通有害的食品、食用品、饮料、药品、医疗器械或者其他有害产品的，处六个月以上五年以下监禁，并处罚金。

二、未按规则经授权人员检查，而将第一款规定的产品投入流通的，或者在产品过期后将其投入流通的，处三年以下监禁，并处罚金。

三、过失犯第一款和第二款之罪的，处罚金或者一年以下监禁。

四、第一款和第二款中标明的产品，应当予以没收。

第二百五十七条　未勤勉尽责检查食品

一、授权人员未认真检查供屠宰的牲畜、食用肉类和其他食品，或者违反规则未执行检查，从而导致对人体健康有害的肉类和其他食品流通的，处三年以下监禁。

二、过失犯第一款之罪的，处罚金或者一年以下监禁。

第二百五十八条　饮用水和食品污染

一、用有害物质污染饮用水或者食品的，处六个月以上五年以下监禁。

二、过失犯第一款之罪的，处罚金或者三年以下监禁。

第二百五十九条　严重危害健康

一、犯本法第二百四十九条、第二百五十一条第一款和第二款、第二百五十二条、第二百五十四条、第二百五十五条第一款、第二百五十六条第一款和第二款、第二百五十七条第一款以及第二百五十八条第一款之罪，造成他人严重身体伤害或者严重健康损害的，处一年以上八年以下监禁。

二、犯本法第二百四十九条、第二百五十一条第一款和第二款、第二百五十二条、第二百五十四条、第二百五十五条第一款、第二百五十六条第一款和第二款、第二百五十七条第一款以及第二百五十八条第一款之罪，造成一人或者多人死亡的，处二年以上十二年以下监禁。

三、犯本法第二百五十一条第三款、第二百五十五条第二款、第二百五十六条第三款、第二百五十七条第二款以及第二百五十八条第二款之罪，造成他人严重身体伤害或者严重健康损害的，处三年以下监禁。

四、犯本法第二百五十一条第三款、第二百五十五条第二款、第二百五十六条第三款、第二百五十七条第二款以及第二百五十八条第二款之罪，造成他人死亡的，处一年以上八年以下监禁。

第二十四章　危害环境的犯罪

第二百六十条　环境污染

一、违反有关保护、维护和改善环境的规则，对大气、水、土壤造成较大程度或者较大范围污染的，处六个月以上五年以下监禁，并处罚金。

二、过失犯第一款之罪的，处罚金或者二年以下监禁。

三、犯第一款之罪并因此大量破坏或者损害动植物生命或者大面积污染环境，以致清理需要较长时间和巨大开支的，处一年以上八年以下监禁，并处罚金。

四、犯第二款之罪并因此大量破坏或者损害动植物生命或者大面积污染环境，以致清理需要较长时间和巨大开支的，处六个月以上五年以下监禁，并处罚金。

五、对犯第一款至第四款之罪的犯罪人宣告适用缓刑的，法院可责令犯罪人在规定的时间内采取具体规定的措施，保护、维护和改善环境。

第二百六十一条　未采取环保措施

一、对未按照规则采取环保措施，或者未按照主管部门的环境保护命令执行的官员或者负责人，处罚金或者三年以下监禁。

二、过失犯第一款之罪的，处罚金或者一年以下监禁。

三、犯第一款或者第二款之罪导致环境污染的，依照本法第二百六十条的规定处罚。

四、对犯第一款和第二款之罪的犯罪人宣告适用缓刑的，法院可责令犯罪人在规定的时间内采取具体规定的措施，保护、维护和改善环境。

第二百六十二条　违法建设、运行污染环境的设备和设施

一、公职人员或者相关负责人，违反有关保护、维护和改善环境的规则，允许建设、启动和运行设备和设施的，或者允许使用在更大程度和更大范围内污染环境的技术的，处六个月以上五年以下监禁。

二、犯第一款之罪并因此严重破坏动植物生命或者污染环境，以致清理需要较长时间和巨大开支的，处一年以上八年以下监禁。

三、对犯第一款和第二款之罪的犯罪人宣告适用缓刑的，法院可责令犯罪人在规定的时间内采取具体规定的措施，保护、维护和改善环境。

第二百六十三条　破坏环保设施及装置

一、破坏、毁坏、拆除或者以其他方式使得环保设施或者装置无法运行的，处三年以下监禁。

二、过失犯第一款之罪的，处罚金或者一年以下监禁。

三、犯第一款之罪导致大气、水或者土壤污染程度较大或者范围较广的，处六个月以上五年以下监禁。

四、犯第二款之罪导致大气、水或者土壤污染程度较大或者范围较广的，处三年以下监禁。

五、犯第一款和第三款之罪导致动植物生命遭到严重损害或者破坏的，或者环境受到污染，以致清理工作需要较长时间或者巨大开支的，处一年以上八年以下监禁。

六、犯第二款和第四款之罪导致动植物生命遭到严重损害或者破坏的，或者环境受到污染，以致清理工作需要较长时间或者巨大开支的，处六个月以上五年以下监禁。

七、对犯第一款至第六款之罪的犯罪人宣告适用缓刑的，法院可责令犯罪人在规定的时间内采取具体规定的措施，维护和改善环境。

第二百六十四条　破坏环境罪

一、违反规则，通过使用自然资源、建筑施工、工程施工或者其他方式，对环境造成较大程度或者较大范围破坏的，处三年以下监禁。

二、过失犯第一款之罪的，处罚金或者一年以下监禁。

三、对犯第一款和第二款之罪的犯罪人宣告适用缓刑的，法院可责令犯罪人在规定的时间内采取特别措施，纠正对环境造成的不利后果。

第二百六十五条　毁坏、破坏及携带受保护型自然资产进出塞尔维亚

一、毁坏或者破坏受保护型自然资产的，处六个月以上五年以下监禁。

二、过失犯第一款之罪的，处罚金或者六个月以下监禁。

三、违反规则，出口或者携带受保护型或者重点保护动植物出境，或者向塞尔维亚进口或携带受国际条约或者文件保护型外国动植物入境的，处三个月以上三年以下监禁，并处罚金。

四、犯第三款之罪未遂的，应予处罚。

五、第三款中的重点保护或者受保护型动植物，应当予以没收。

第二百六十六条　携带危险物品进入塞尔维亚，非法加工、存放及储存危险物品

一、违反规则，携带放射性或者其他有害材料或者有害废物进入塞尔维亚的，或者运输、加工、存放、收集、储存此类材料或者废物的，处六个月以上五年以下监禁，并处罚金。

二、滥用职权，允许或者协助将第一款中的材料或者废物携带进入塞尔维亚，或者准许运输、加工、存放、储存此类材料或者废物的，处一年以上八年以下监禁，并处罚金。

三、犯第一款和第二款之罪，导致动植物生命遭到严重损害，或者环境受到污染，以致清理工作需要较长时间或者巨大开支的，处二年以上十年以下监禁，并处罚金。

四、对犯第一款至第三款之罪的犯罪人宣告适用缓刑的，法院可责令犯罪人在规定的时间内采取特别规定的电离辐射防护措施或者其他规定的防护措施。

五、组织实施第一款之罪的，处三年以上十年以下监禁，并处罚金。

第二百六十七条　非法建造核电厂

违反规则，允许或者开工建造核电厂、核燃料生产厂或者核废料处理厂的，处六个月以上五年以下监禁。

第二百六十八条 侵犯环境状况知情权

违反规则，隐瞒或者谎报环境危害评价和采取保护人类生命或者健康措施所需的环境及事件状况的，处罚金或者一年以下监禁。

第二百六十九条 杀害、肆意虐待动物

一、违反规则，杀死、伤害、折磨或者以其他方式虐待动物的，处罚金或者二年以下监禁。

二、犯第一款之罪，杀死、折磨或者伤害若干动物的，或者对属于重点保护物种动物犯第一款之罪的，处罚金或者三年以下监禁。

三、凡组织、资助或者主办同一或者不同物种动物格斗活动的，或者组织、参与相关格斗赌博的，处六个月以上三年以下监禁，并处罚金。

第二百七十条 传播动植物传染病

一、在可能会危及畜牧业的畜禽疫病流行期间，不遵守抑制或者预防相关疫病措施的规则、决定或者命令的，处罚金或者二年以下监禁。

二、在某些危及种植业的疾病或虫害出现的情况下，未依照规则、决定或者命令实施扑灭或预防病虫害的相关措施的，依照第一款的规定处罚。

三、犯第一款和第二款之罪导致动物死亡、植物毁坏或者其他重大损害的，处三年以下监禁。

四、过失犯第一款至第三款之罪的，处罚金或者一年以下监禁。

第二百七十一条 不当兽医行为

一、兽医或者获授权从事兽医工作的人员在提供兽医援助服务期间，指示或者采用明显不当手段或者治疗方法明显不足，或者在治疗动物时采取不科学做法，从而导致动物死亡或者其他严重损害的，处罚金或者二年以下监禁。

二、过失犯第一款之罪的，处罚金或者六个月以下监禁。

第二百七十二条 生产动物治疗有害产品

一、以出售为目的而生产用于治疗或预防动物疾病的产品，或者通过贸易活动将该产品投放到市场，但该产品可能危及动物的生命或健康安全的，处罚金或者一年以下监禁。

二、犯第一款之罪导致动物死亡或者其他重大损害的，处罚金或者二年以下监禁。

三、过失犯第一款和第二款之罪的，处罚金或者六个月以下监禁。

第二百七十三条　污染畜禽饲料及水质

一、投放有害物质污染畜禽饲料或者水质，从而危及动物生命或者健康的，处罚金或者二年以下监禁。

二、投放有害物品，污染鱼塘、湖泊、河流或运河或者用被污染的水放养鱼类，并因此危及鱼类或者其他水生物的生存的，依照第一款的规定处罚。

三、犯第一款和第二款之罪导致动物死亡或者其他重大损害的，处罚金或者三年以下监禁。

四、过失犯本条第一款之罪的，处罚金或者六个月以下监禁。

第二百七十四条　毁坏森林

一、违反主管部门的规则和命令，砍伐或者采伐林木的，或者损坏树干或者以其他方式破坏林木，或者在公园、林荫道或者其他禁止砍伐树木处砍伐一棵或者多棵树木的，处罚金或者一年以下监禁。

二、在防护林、国家公园或者其他特种用途的森林里，犯第一款之罪的，处三个月以上三年以下监禁。

第二百七十五条　盗伐林木

一、以盗窃为目的，在森林、公园或者林荫道内砍伐一棵或者多棵树木的，木材数量超过一立方米的，处罚金或者一年以下监禁。

二、第一款所指罪行属于意图砍售树木类犯罪的，或者砍伐木材数量超过五立方米的，或者罪行实施于国家公园、防护林或者其他特种用途林内的，处罚金或者三年以下监禁。

三、犯第一款和第二款之罪未遂的，应予处罚。

第二百七十六条　非法狩猎野生动物

一、在禁猎期内或者禁止狩猎区内狩猎野生动物的，处罚金或者六个月以下监禁。

二、在他人狩猎保护区内盗猎的，或者杀死、伤害野生动物或者活捉野生动物的，处罚金或者一年以下监禁。

三、针对大型野生动物犯第二款之罪的,处罚金或者二年以下监禁。

四、猎捕禁捕野生动物的,或者未取得特许猎捕证而猎捕特定野生动物的,或者以大规模毁灭野生动物的方式或者手段狩猎的,处三年以下监禁。

五、所捕获的动物和狩猎工具,应当予以没收。

第二百七十七条　非法捕鱼

一、在禁渔期或者禁捕水域,捕捞鱼类或者其他水生动物的,处罚金或者六个月以下监禁。

二、采用爆炸、电击、毒杀、击晕的方式,或者采用其他破坏此类动物繁殖或者导致此类动物大规模毁灭的方式,捕鱼或者捕捞其他水生动物的,处三年以下监禁。

三、捕捞具有重要生物价值或者数量较大鱼类或者其他水生动物的,或者在捕鱼过程中毁灭大量鱼类或者其他水生动物的,依照第二款的规定处罚。

四、渔获物和渔具应当予以没收。

第二十五章　危害公众人身及财产安全犯罪

第二百七十八条　制造普通危险

一、放火、决水、爆炸、投放毒物或者毒气,造成放射性或者其他电离辐射,利用电力、发动机动力造成危险,或者实施其他类似危险行为对人身或者财产造成较大危险的,处六个月以上五年以下监禁,并处罚金。

二、公职人员或者负责人,未按规定安装火灾、水灾、爆炸、毒物或者毒气、放射性或者其他电离辐射、电力或者其他有害物质防护设备,或者未妥善维护此类设备,或者未及时使用此类设备,或者基本不遵守相关规则或者技术防护标准,从而导致对人身或者财产造成较大危险的,依照第一款的规定处罚。

三、在人群聚集之处犯第一款和第二款之罪的,处一年以上八年以下监禁,并处罚金。

四、使用枪支犯第一款之罪的,处二年以上十年以下监禁。

五、过失犯第一款、第三款和第四款之罪的,处三年以下监禁。

第二百七十九条　毁坏、损坏公共基础设施

一、毁坏、损坏、改造、使之失效或者拆除供水、污水、热力、燃气、电力或者其他能源公共设备或者公共交通与通信设备系统(设备部件)的,处三个月以上五年以下监禁。

二、犯第一款之罪并因此扰乱公民生活或者经济运行(公共交通)的,处一年以上八年以下监禁。

第二百八十条　未确保安全措施以致危及工作场所安全

一、在矿山、工厂、车间、建筑工地或者其他工作场所损坏或者拆除安全设备,从而对人身或者财产造成较大危险的,处六个月以上五年以下监禁。

二、相关责任人员在矿山、工厂、车间、建筑工地或者其他工作场所,未安装安全设备或者未按工作规范维护安全设备,或者未及时使用安全设备,或者不遵守工作安全法规和技术标准,从而对人身或者财产造成较大危险的,依照第一款的规定处罚。

三、过失犯第一款和第二款之罪的,处三年以下监禁。

四、对犯第二款之罪的犯罪人宣告适用缓刑的,法院可以责令犯罪人在规定期限内确保安全设备的安装、使用和维护。

第二百八十一条　拒不按照相关规则及标准施工

一、负责设计、管理或者实施建设或者建筑工程的人员,拒不按照相关规则和公认的技术标准施工,从而对人身或者较大价值财产造成危险的,处三个月以上五年以下监禁。

二、过失犯第一款之罪的,处罚金或者三年以下监禁。

第二百八十二条　毁坏水坝、水利设施

一、破坏、毁坏或者以其他方式使水坝、堤防或者其他水利设施或者设备无法用于抵御自然灾害的,处三个月以上三年以下监禁,并处罚金。

二、针对重大设施或者设备犯第一款之罪的,处六个月以上五年以下监禁,并处罚金。

三、过失犯第二款之罪的,处罚金或者三年以下监禁。

第二百八十三条　毁坏、损坏或者拆除危险警告标志

毁坏、损坏或者拆除危险警告标志,处罚金或者三年以下监禁。

第二百八十四条　滥用电信信号

一、滥用或者无端发送国际求救信号、危险警告信号的,或者在危险并不存在时使用通信信号设施的,或者滥用国际通信信号的,处三年以下监禁。

二、犯第一款之罪对人员生命或者较大规模财产造成危险的,处六个月以上五年以下监禁。

第二百八十五条　拒不消除危险

一、未向主管部门或者其他主管机构上报存在火灾、水灾、爆炸、交通事故或者其他对人身或财产造成较大危险等相关事件的，或者虽有能力在不会给自身或他人带来风险的情况下消除此类危险，但并未采取措施消除此类危险的，处罚金或者二年以下监禁。

二、阻止他人采取措施以消除火灾、水灾、爆炸、交通事故或者其他危及人身、财产的较大危险的，处六个月以上五年以下监禁。

第二百八十六条　擅自处理易燃易爆材料

一、违反规则，储存、保管、运输、移交公共交通工具用以运输炸药或者高度易燃材料的，或者使用公共交通工具自行运输此类材料的，处罚金或者二年以下监禁。

二、非法将炸药或者高度易燃材料带入大量人员已经或者即将聚集的场所或者设施的，依照第一款的规定处罚。

三、携带或者企图携带其他易燃气体、有害碳尘、高度易燃材料或者其他违禁物品进入甲烷坑内的，处六个月以上五年以下监禁。

四、在进入储藏室、仓库、炸药储存场所时，拒不遵守法定防护措施的，依照第三款的规定处罚。

五、过失犯第三款和第四款之罪的，处罚金或者三年以下监禁。

第二百八十七条　非法获取核材料危及安全

一、通过暴力、威胁、犯罪行为或者其他方式，非法获取、持有、使用、运输或者向他人提供核材料，或者准许他人获取核材料的，处三年以下监禁。

二、威胁使用核材料，意图强迫他人实施或者不实施某行为，从而危及公众安全的，处一年以上十年以下监禁。

三、犯第一款和第二款之罪，造成他人身体严重伤害或者大规模财产损失的，处二年以上十二年以下监禁。

四、犯第一款和第二款之罪导致一人或者多人死亡的，处三年以上十五年以下监禁。

第二百八十八条　严重危害公共安全

一、犯本法第二百七十八条第一款至第三款、第二百七十九条第一款和第二款、第二百八十条第一款和第二款、第二百八十一条第一款以及第二百八十四条之罪,造成严重人身伤害或者巨大财产损失的,处一年以上八年以下监禁。

二、犯本法第二百七十八条第一款至第四款、第二百七十九条第一款和第二款、第二百八十条第一款和第二款、第二百八十一条第一款以及第二百八十四条之罪,导致一人或者多人死亡的,处二年以上十二年以下监禁。

三、犯本法第二百七十八条第五款、第二百八十条第三款以及第二百八十一条第二款之罪,造成严重人体伤害或者巨大财产损失的,处六个月以上五年以下监禁。

四、犯本法第二百七十八条第五款、第二百八十条第三款以及第二百八十一条第二款之罪,导致一人或者多人死亡的,处一年以上八年以下监禁。

第二十六章　危害道路交通安全犯罪

第二百八十九条　危害道路交通安全

一、违反交通规则在公共道路上驾驶，从而危害道路交通安全，严重危及人身或者财产安全，造成他人轻伤或者超过二十万第纳尔财产损失的，处三年以下监禁。

二、违反交通规则，因而危及铁路、有轨电车、无轨电车、公共汽车交通或者缆车运输安全，以致严重危及人身或者财产安全的，处六个月以上五年以下监禁。

三、过失犯第一款和第二款之罪的，处罚金或者一年以下监禁。

第二百九十条　以危险行为或者手段危害交通安全

一、毁坏、拆除或者严重损坏用于维护道路交通安全的交通设备、交通工具、信号装置、防护栏杆，或者违反规则设置错误标志或信号、设置路障、在铁轨上停放交通工具，或者以类似方式危害公共交通安全，从而严重危及人身或者财产安全的，处三年以下监禁。

二、过失犯第一款之罪的，处罚金或者一年以下监禁。

第二百九十一条　危害航空安全

一、不当操纵或者违反规则操纵航空器飞行的，或者在航空器飞行安全监管及操纵方面未履行职责的，或者提供能够对航空器安全飞行产生重要影响的虚假信息的，或者以其他方式危害航空器飞行安全的，处一年以上八年以下监禁。

二、过失犯第一款之罪的，或者由于过失而破坏、损坏导航设备，给航空器造成其他损坏，从而犯第一款之罪的，处六个月以上五年以下监禁。

三、在国际民航机场对他人实施暴力，造成或者可能造成他人重伤或者死亡的，处六个月以上五年以下监禁。

四、毁坏、损坏国际民航机场设施、非营运飞机或者机场内飞机的，或者扰乱该机场服务工作的，或者此类行为危及或者可能危及该机场安全的，依照第三款的规定处罚。

第二百九十二条　危害空中或者海上交通或者固定平台安全

一、针对飞机、船舶、陆缘带固定平台上的人或其货物使用暴力，在飞机上、船舶或固定平台上放置爆炸物或其他危险装置或物质，或者毁坏、危害、干扰导航设备，或者对飞机、船舶、固定平台造成其他损坏，危害空中交通安全、海上安全或者固定平台安全的，处二年以上十年以下监禁。

二、犯第一款之罪导致他人重伤或者造成重大损害的，处二年以上十二年以下监禁。

三、犯第一款之罪导致一人或者多人死亡的，处五年以上十五年以下监禁。

四、威胁实施第一款之罪的，处六个月以上五年以下监禁。

第二百九十三条　劫持飞机、船舶或者其他交通工具

一、使用暴力或者以使用暴力威胁接管空中飞机、海上船舶、其他运输中公共交通工具或者陆缘带固定平台的控制权的，处二年以上十年以下监禁。

二、犯第一款之罪造成严重人身伤害或者导致重大损害的，处二年以上十二年以下监禁。

三、犯第一款之罪导致一人或者多人死亡的，处五年以上十五年以下监禁。

第二百九十四条　海盗

一、位于公海或者不属于任何国家管辖海域之船舶上的船员或者乘客，在另一艘船上对他人实施暴力或者抢劫行为，扣留、劫持、损坏或者毁坏其他船舶或者所载货物，或者造成重大损害的，处二年以上十二年以下监禁。

二、犯第一款之罪导致一人或者多人死亡的，处五年以上十五年以下监禁。

第二百九十五条　公共交通监管渎职

一、公职人员或者相关负责人，受国家委托监管和维护道路及相关设施、交通工具或者公共交通，或者监督驾驶员工作是否符合法定要求，或者受委托负责管理驾驶情况，因玩忽职守而严重危及民众人身或者财产安全的，处六个月以上五年以下监禁。

二、相关责任人员，如果明知驾驶员由于疲劳、酒驾或者其他原因不能安全驾驶车辆，或者意识到机动车存在故障，仍然命令其继续驾驶，或准许其继续驾驶，危及民众生命及身体安全，或者危及具有巨大价值的财产安全的，依照第一款之规定处罚。

三、过失犯第一款之罪的，处三年以下监禁。

第二百九十六条　不救助交通事故受伤人员

一、机动车辆或者其他交通工具的驾驶员，驾驶车辆撞伤人员或者造成人员受伤后逃逸的，处罚金或者三年以下监禁。

二、犯第一款之罪造成被害人重伤的，处六个月以上五年以下监禁。

三、犯第一款之罪造成被害人死亡的，处一年以上八年以下监禁。

第二百九十七条　严重危害交通安全

一、犯本法第二百八十九条第一款和第二款，第二百九十条第一款和第二款，第二百九十一条第一款、第三款和第四款以及第二百九十五条第一款和第二款之罪，造成严重人身伤害或者大规模财产损失的，处一年以上八年以下监禁。

二、犯本法第二百八十九条第一款和第二款，第二百九十条第一款和第二款，第二百九十一条第一款、第三款和第四款以及第二百九十五条第一款和第二款之罪，造成一人或者多人死亡的，处二年以上十二年以下监禁。

三、犯本法第二百八十九条第三款、第二百九十条第三款*、第二百九十一条第二款以及第二百九十五条第三款之罪，造成严重人身伤害或者大规模财产损失的，处四年以下监禁。

---

* 经核查，塞尔维亚语版本和英文版本的第二百九十条均只有两款，本处根据第二百九十七条原文直译而来，未作改动。——译者注

四、犯本法第二百八十九条第三款、第二百九十条第三款*、第二百九十一条第二款以及第二百九十五条第三款之罪,造成一人或者多人死亡的,处一年以上八年以下监禁。

五、就犯第一款至第四款之罪的犯罪人而言,法庭应当对其宣告适用禁止驾驶机动车的保安处分措施。

---

* 经核查,塞尔维亚语版本和英文版本的第二百九十条均只有两款,本处根据第二百九十七条原文直译而来,未作改动。——译者注

第二十七章　危害计算机数据安全犯罪

第二百九十八条　破坏计算机数据及程序

一、未经授权，删除、更改、损坏、隐藏或者以其他方式使计算机数据或者程序无法使用的，处罚金或者一年以下监禁。

二、犯第一款之罪导致损害赔偿金超过四十五万第纳尔的，处三个月以上三年以下监禁。

三、犯第一款之罪导致损害赔偿金超过一百五十万第纳尔的，处三个月以上五年以下监禁。

四、用于实施第一款和第二款之罪的设备和装置，应当予以没收。

第二百九十九条　破坏计算机信息系统

入侵、毁坏、更改、损坏、隐藏或者以其他方式使计算机数据或者程序无法使用，或者损坏或毁坏计算机或其他电子数据处理及传输设备，意图妨碍或者严重扰乱对政府部门、企业或者其他单位至关重要的电子数据处理及传输程序的，处六个月以上五年以下监禁。

第三百条　制造、植入计算机病毒

一、制造计算机病毒，意图将其植入他人计算机或者计算机网络的，处罚金或者六个月以下监禁。

二、将计算机病毒植入他人计算机或者计算机网络，从而造成损害的，处罚金或者二年以下监禁。

三、用于实施第一款和第二款之罪的设备和装置，应当予以没收。

第三百零一条　利用计算机诈骗

一、意图为自己或者他人牟取非法物质利益，输入错误数据、未输入正确数据或者以其他方式隐瞒或者虚报数据,从而影响电子数据处理及传输结果,给他人造成物质损失的,处罚金或者三年以下监禁。

二、犯第一款之罪牟取物质利益超过四十五万第纳尔的,处一年以上八年以下监禁。

三、犯第一款之罪牟取物质利益超过一百五十万第纳尔的,处二年以上十年以下监禁。

四、出于蓄意损毁财物的目的而犯第一款之罪的,处罚金或者六个月以下监禁。

第三百零二条　擅自访问计算机、计算机网络或者电子数据处理系统

一、规避技术保护措施,擅自访问计算机或者计算机网络,或者擅自访问电子数据处理系统的,处罚金或者六个月以下监禁。

二、录制或者使用通过第一款之方式所获数据的,处罚金或者二年以下监禁。

三、犯第一款之罪导致数据或者网络电子处理和传输阻塞或者严重故障的,或者导致其他严重后果的,处三年以下监禁。

第三百零三条　阻止或者限制访问公共计算机网络

一、擅自阻止或者妨碍访问公共计算机网络的,处罚金或者一年以下监禁。

二、公职人员在履行职责期间,犯第一款之罪的,处三年以下监禁。

第三百零四条　擅自使用计算机或者计算机网络

一、使用计算机服务或者计算机网络,意图为自己或者他人牟取非法物质利益的,处罚金或者三个月以下监禁。

二、犯第一款之罪的,告诉的才处理。

第三百零四条之 a　制造、获取以及向他人提供犯罪手段危害计算机数据安全

一、制造、销售、采购使用、进口、分销或以其他方式处置下列内容的,处六个月以上三年以下监禁:

(一)设计用于或者主要用于实施本法第二百九十八条至第三百零三条之罪的设备和计算机程序;

（二）通过计算机代码或者类似数据访问整个或者部分计算机系统，意图将之用于实施本法第二百九十八条至第三百零三条之罪。

二、拥有第一款所指任何手段，意图将之用于实施本法第二百九十八条至第三百零三条之罪的，处罚金或者一年以下监禁。

三、第一款和第二款所涉的物品，应当予以没收。

第二十八章　危害塞尔维亚宪法秩序及国家安全犯罪

第三百零五条　破坏国家独立

试图违背宪法，促使塞尔维亚从属于或者依附于其他国家的，处三年以上十五年以下监禁。

第三百零六条　承认投降或者占领

塞尔维亚公民签署或者承认投降书，或者接受或者承认敌方占领塞尔维亚全部或者部分领土的，处十年以上监禁。

第三百零七条　破坏领土完整

使用暴力或者其他违宪方式，意图割让塞尔维亚部分领土或者将该部分领土并入别国的，处三年以上十五年以下监禁。

第三百零八条　冲击宪法秩序

使用暴力或者以暴力威胁，试图改变塞尔维亚宪法秩序或者推翻最高国家权力机关的，处三年以上十五年以下监禁。

第三百零九条　煽动叛乱

一、意图破坏塞尔维亚宪法秩序或者安全，鼓动或者煽动使用暴力改变塞尔维亚宪法秩序，推翻国家最高权力机关或者其代表的，处六个月以上五年以下监禁。

二、在外国势力的援助下，犯第一款之罪的，处一年以上八年以下监禁。

三、意图传播、制作或者复印载有鼓动或者煽动实施第一款之罪的资料的，或者将此类资料发送或者传输至塞尔维亚境内的，或者意图通过自身或者他人进行传播而持有大量此类资料的，处三个月以上三年以下监禁。

第三百一十条　刺杀最高政府官员

意图危害塞尔维亚宪法秩序或者安全，刺杀塞尔维亚总统、议长、总理、政府成员、宪法法院院长、国家最高法院院长或者塞尔维亚检察官的，处十年以上监禁或者无期徒刑。

第三百一十一条　武装叛乱

一、参与直接危害塞尔维亚宪法秩序、国家安全及领土完整的武装叛乱的，处三年以上十五年以下监禁。

二、组织或者领导武装叛乱的，处五年以上监禁。

第三百一十二条　（已废止）

第三百一十三条　蓄意破坏

意图通过拆除、纵火或者以其他方式，毁坏或者破坏工业、农业或其他经济设施，运输工具，设备或装置，通信设备，供水、供暖、供气或供电公用设施设备，水坝，仓库，建筑物，或者其他对公民安全的供给、经济或者公共服务运作具有重要意义之设施的，处五年以上十五年以下监禁。

第三百一十四条　阴谋破坏

在执行公务或者履行工作职责期间，意图实施隐蔽性、欺诈性或者其他类似手段破坏塞尔维亚宪法秩序或者国家安全的，对其所属的国家机关或者单位组织，或者其他国家机关、单位组织造成价值一百五十万第纳尔以上损害的，处五年以上十五年以下监禁。

第三百一十五条　间谍行为

一、向外国政府、外国组织或者其公务人员披露、移交或者提供军事、经济或者官方机密的，处三年以上十五年以下监禁。

二、在塞尔维亚境内为外国政府建立或者经营情报网的，处五年以上十五年以下监禁。

三、加入外国情报机构，为该机构收集情报或者以其他方式提供工作支持的，处一年以上十年以下监禁。

四、获取机密情报或者文件，意图将之披露或者移交给外国政府、外国组织或者其公务人员的，处一年以上八年以下监禁。

五、犯第一款和第二款之罪并因此给塞尔维亚的安全、经济或者军事实力造成严重后果的，处十年以上监禁。

六、军事、经济或者官方机密，是指根据相关法规、规则或者主管部门依法通过相关决议列为机密的军事、经济或者官方情报或者文件，以及仅限特定人群查阅的情报和文件，如有泄露，即会或者可能会损害塞尔维亚的国家安全，国防或者政治、军事或经济利益。

第三百一十六条　泄露国家机密

一、未经授权，披露、移交或者向他人提供受委托保管的，或者以其他方式获取的代表国家机密的情报或者文件的，处一年以上十年以下监禁。

二、明知是属于国家机密的情报或者文件，仍然非法获取并且将其透露给他人的，处六个月以上五年以下监禁。

三、在战争状态或者紧急状态期间犯第一款之罪的，或者已经给塞尔维亚的国家安全、经济或者军事实力造成损害的，处三年以上十五年以下监禁。

四、过失犯第一款之罪的，处六个月以上五年以下监禁。

五、国家机密，是指根据相关法规、其他规则或者主管部门依法通过相关决议列为国家机密的情报或者文件，如有泄露，即会或者可能会损害塞尔维亚的国家安全，国防或者政治、军事或经济利益。

六、第五款所指的国家机密，不包括旨在严重侵犯基本人权或者破坏塞尔维亚宪法秩序和安全的情报或文件，亦不包括旨在隐瞒应被判处五年及其以上监禁之罪的情报和文件。

第三百一十七条　煽动民族、种族、宗教仇恨以及不容异己

一、煽动或者加剧塞尔维亚境内各民族和族裔社区之间的民族、种族或宗教仇恨或者不容异己的，处六个月以上五年以下监禁。

二、通过实施胁迫，虐待，危及安全，嘲讽民族、族裔或者宗教象征，损害他人财物，亵渎纪念碑、纪念馆或者坟墓等行为，犯第一款之罪的，处一年以上八年以下监禁。

三、滥用职权或者滥用授权，犯第一款和第二款之罪，或者因此犯罪行为而导致骚乱、暴力事件,或者给塞尔维亚境内各民族、少数民族或者族裔群体的和平共存造成严重后果的,犯第一款之罪的,处一年以上八年以下监禁;犯第二款之罪的,处二年以上十年以下监禁。

第三百一十八条 侵犯领土主权

违反国际法规则,侵犯塞尔维亚领土的,处一年以上八年以下监禁。

第三百一十九条 篡谋违宪

一、组织实施本法第三百零五条至第三百一十条、第三百一十三条以及第三百一十四条之罪的犯罪团伙或有组织犯罪集团的,依照该犯罪团伙或者有组织犯罪集团所组织实施的犯罪的法定刑处罚。

二、参加第一款中的犯罪团伙或者有组织犯罪集团的,处六个月以上五年以下监禁。

三、第一款中的犯罪人,通过披露相关犯罪团伙或者有组织犯罪集团,或者以其他方式阻止实施第一款之罪的,处三年以下监禁,也可以免予处罚。

四、第三款的犯罪团伙或者有组织犯罪集团的成员,在参与篡谋、实施第一款之罪之前进行披露的,处一年以下监禁,也可以免予处罚。

第三百二十条 策划危害塞尔维亚宪法秩序及国家安全

一、密谋实施本法第三百零五条至第三百一十四条以及第三百一十五条第一款和第二款之罪的,处一年以上五年以下监禁。

二、第一款所指的密谋,包括获取和提供有效的犯罪手段、消除犯罪障碍、安排日程、与他人一起策划或者组织犯罪,或者与确立直接犯罪先决条件有关的其他活动。

三、为实施本章所规定的一项或者多项犯罪,向塞尔维亚境内派遣或者运输人员、武器、炸药、毒药、设备、弹药或其他材料的,处二年以上十年以下监禁。

第三百二十一条 严重危害塞尔维亚宪法秩序及国家安全

一、犯本法第三百零七条至第三百零九条和第三百一十三条至第三百一十五条之罪,并因此导致一人或者多人死亡的,或者危及人员生命的,或者伴有严重暴力行为或大规模破坏的,或者导致塞尔维亚的国家安全、经济、军事实力受损的,处十年以上监禁。

二、犯第一款之罪，故意剥夺一人或者多人生命的，处十年以上监禁或者无期徒刑。

三、在战争、武装冲突或者紧急状态期间，实施本法第三百零七条、第三百零九条至第三百一十一条、第三百一十四条至第三百一十九条以及第三百二十条第二款之罪的，依照第二款的规定处罚。

第二十九章　针对政府部门的犯罪

第三百二十二条　妨碍公务

一、使用暴力或者以暴力威胁，阻止公职人员在其职权范围内执行公务，或者强迫公职人员采取官方行动的，处一年以上五年以下监禁。

二、犯第一款之罪时，侮辱、虐待公职人员的，或者造成公职人员轻伤的，或者使用武器相威胁的，处二年以上八年以下监禁。

三、针对正在履行维护公共或者国家安全、维护社会治安秩序、阻止或者侦查犯罪、逮捕犯罪人或者看押被剥夺自由人员职责的公职人员，犯第一款和第二款之罪的，处三年以上十年以下监禁。

四、犯第三款之罪，造成公职人员重伤的，处三年以上十二年以下监禁。

五、犯第一款之罪未遂的，应予处罚。

六、被公职人员非法或者粗暴行为所激怒，犯第一款至第三款之罪的，可以免予处罚。

第三百二十三条　攻击正在执行公务的公职人员

一、攻击或者威胁攻击正在执行公务的公职人员的，处一年以上五年以下监禁。

二、犯第一款之罪，造成公职人员轻伤的，或者使用武器相威胁的，处二年以上八年以下监禁。

三、针对正在执行公共或者国家安全职责的公职人员，犯第一款和第二款之罪的，处三年以上十年以下监禁。

四、犯第一款和第三款之罪，造成公职人员重伤的，处三年以上十二年以下监禁。

五、犯第一款之罪未遂的，应予处罚。

六、被公职人员非法或者粗暴行为所激怒，犯第一款至第三款之罪的，可以免予处罚。

第三百二十四条　加入妨碍执行公务犯罪的团伙

一、作为犯罪团伙成员，以联合行动阻止公职人员执行公务行为的，或者以类似方式强迫公职人员执行公务行为的，处六个月以上三年以下监禁。

二、犯本罪未遂的，应予处罚。

三、对犯第一款之罪的犯罪团伙的犯罪头目，处一年以上五年以下监禁。

第三百二十五条　（已废止）

第三百二十六条　拒绝参与消除一般危险

违反主管部门或者其他主管机构的命令，没有正当理由拒绝参与消除火灾、水灾、地震或者其他灾害所产生的一般危险的，处罚金或者三个月以下监禁。

第三百二十七条　拆除、损毁公章及标志

一、拆除、损毁公职人员为保护某物品或者场所而设置的公章、标志的，或者在公章、标志未被拆除、毁坏的情况下进入此类印有公章、标志之场所或者打开此类物品的，处罚金或者一年以下监禁。

二、犯本罪未遂的，应予处罚。

第三百二十八条　扣押、毁坏公章及文件

一、非法扣押、藏匿、销毁、损坏或者以其他方式使属于政府部门、企事业单位、其他行政单位所有的或者归其保管的公章、簿册、档案、文件失效的，处三年以下监禁。

二、犯本罪未遂的，应予处罚。

第三百二十九条　冒充公职人员

一、意图为自己或者他人获取任何利益或者对第三人造成损害，擅自冒充公职人员、军人的，或者未经授权佩戴公职人员、军人徽章的，处罚金或者三年以下监禁。

二、实施公职人员、军人专属权限行为的，依照第一款的规定处罚。

第三百三十条　任意行使权利

一、专断行使或者专断行使属于其权利的，处罚金或者一年以上五年以下监禁。

二、为他人实施第一款之罪的，依照第一款的规定处罚。

三、犯第一款和第二款之罪的，损害公民利益的，告诉的才处理。

第三十章　妨害司法的犯罪

第三百三十一条　拒不举报犯罪预备行为

一、明知某项应被判处五年及其以上监禁的犯罪正在预备中，但在犯罪行为本可以阻止期间未进行举报，并且该犯罪行为已实施或者未遂的，处罚金或者一年以下监禁。

二、拒不举报某项正在预备实行的应被判处无期徒刑的犯罪的，处三个月以上三年以下监禁。

三、犯罪人的配偶、同居伴侣、直系血亲、兄弟姐妹、养父母或者养子女，以及前任配偶或者前任同居伴侣，不得因第一款之罪而受到处罚。

第三百三十二条　拒不举报犯罪行为或者犯罪人

一、明知他人犯有应被判处无期徒刑之犯罪，或者明知有此类犯罪行为，但在该犯罪人或者犯罪行为被侦查机关查获之前，未向有关机关举报的，处三年以下监禁。

二、公职人员或者获授权人员在履行职责期间，发现他人犯有应被判处五年及其以上监禁之犯罪，但故意不向有关机关举报的，处六个月以上五年以下监禁。

三、公职人员或者相关负责人明知下属在履行公务、军事或者工作职责期间犯有应被判处无期徒刑之犯罪而未举报的，处一年以上八年以下监禁。

四、犯罪人的配偶、同居伴侣、直系血亲、兄弟姐妹、养父母或者养子女，以及前任配偶或者前任同居伴侣，以及犯罪人的辩护律师、医生或者忏悔神父，不得因第一款和第二款之罪而受到处罚。

第三百三十三条　事后帮助

一、窝藏犯罪人或者隐瞒犯罪手段、犯罪痕迹，或者以其他方式协助犯罪人不被发现的，或者窝藏已被判处有罪之人的，或者采取其他旨在阻止执行宣告之判决、保安处分措施或者送往教育机构、改造机构进行的教育矫正措施的，处罚金或者三年以下监禁。

二、对应被判处五年以上监禁的犯罪人提供帮助的，处六个月以上五年以下监禁。

三、对应被判处无期徒刑的犯罪人提供帮助的，处一年以上八年以下监禁。

四、犯第一款之罪所应判处之刑罚，在种类或者程度上，均不得重于其所帮助、教唆的犯罪人所应判处的刑罚。

五、犯罪人的配偶、同居伴侣、直系血亲、兄弟姐妹、养父母或者养子女，以及前任配偶或者前任同居伴侣，不得因第一款至第三款之罪而受到处罚。

第三百三十四条　虚假举报

一、明知他人不是犯罪人，而举报他人犯有应被提起公诉之罪的，处三个月以上三年以下监禁。

二、明知他人不曾犯有应被提起公诉之犯罪，而故意布置犯罪痕迹或者以其他方式导致该人因涉嫌应被提起公诉之罪而被提起公诉的，处六个月以上五年以下监禁。

三、行为人不曾犯有应被提起公诉之罪，而举报自己犯有该罪的，处罚金或者一年以下监禁。

四、明知没有应被提起公诉之罪发生，而进行犯罪举报的，依照第三款之规定处罚。

第三百三十五条　作伪证

一、证人、专家证人、笔译员或者口译员，在纪律处分、轻罪行政诉讼或者其他法定程序中，提供虚假证词的，处三年以下监禁。

二、当事人在法庭程序中，或者在行政程序中作证时，进行虚假陈述，并且相关部门在该程序中将该陈述作为处分依据的，依照第一款的规定处罚。

三、在刑事诉讼中作伪证的，处三个月以上五年以下监禁。

四、犯第三款之罪并因此对被告造成特别严重后果的，处一年以上八年以下监禁。

五、最终处分前自愿撤回虚假证言的，可以免予处罚。

第三百三十六条　唆使他人作伪证

一、在法庭诉讼或者其他行政程序中，向证人、专家证人或者参与程序的另一方当事人给予或者许诺给予报酬或其他利益，或者对上述人员使用暴力或者以暴力相威胁，意图诱使上述人员提供虚假证言，从而影响该程序结果的，处六个月以上五年以下监禁，并处罚金。

二、意图阻止或者妨碍举证，隐瞒、销毁、损坏或者使用其他方式，致使他人的文件或者其他证明材料全部或者部分不能使用的，处三个月以上三年以下监禁，并处罚金。

三、移除、销毁、损坏、移动或者迁移界碑、土壤测量标志或者其他表明不动产所有权或用水地役权标志的，或者出于同样的意图虚假设置此类标志的，依照第二款的规定处罚。

四、在刑事诉讼程序中，犯第二款之罪的，处六个月以上五年以下监禁，并处罚金。

第三百三十六条之 a　（已废止）

第三百三十六条之 b　妨碍司法公正

一、鼓动抵制或者拒不执行法庭裁决的，或者以其他方式干扰司法程序的，处三年以下监禁，并处罚金。

二、以暴力、威胁或者其他方式侮辱、干扰或者阻止法官、检察官、副检察官、律师履行裁判、检察职责、律师职责的，处六个月以上五年以下监禁，并处罚金。

三、犯第二款之罪造成法官、检察官、副检察官、律师轻伤的，或者使用武器相威胁的，处一年以上八年以下监禁。

四、犯第二款之罪造成法官、检察官、律师、副检察官重伤的，处二年以上十年以下监禁。

第三百三十六条之c　袭击律师

一、袭击律师或者其家庭成员，并且该袭击行为与律师职业是有关的，处三个月以上三年以下监禁。

二、犯第一款之罪造成律师或者其家庭成员轻伤的，或者使用武器相威胁的，处六个月以上五年以下监禁。

三、犯第一款之罪造成律师或者其家庭成员重伤的，处一年以上八年以下监禁。

四、毁坏、损坏或者使律师或者其家庭成员的物品失去效用的，处罚金或者二年以下监禁。

五、犯第四款之罪造成超过四十五万第纳尔的财产损害的，处六个月以上五年以下监禁。

六、对律师或者其家庭成员实施第四款和第五款之行为，并且该行为与律师职业有关的，即属犯罪。

第三百三十七条　侵犯诉讼秘密

一、未经授权，披露其在法庭、轻罪程序、行政诉讼或其他法定程序中所掌握的依照法律规定禁止公开的信息，或者披露法院、其他相关机构通过决议列为秘密的信息的，处罚金或者一年以下监禁。

二、未经法庭许可，公布针对青少年的刑事诉讼程序的整个过程或者其处理结果的，或者公布针对青少年的诉讼程序中该青少年的姓名的，或者公布能够泄露青少年身份的相关信息的，处二年以下监禁。

三、未经授权，披露刑事诉讼中受保护人员的身份或者个人资料的，或者披露有关特殊保护方案的资料的，处六个月以上五年以下监禁。

四、犯第三款之罪对受保护人员造成严重后果，或者严重干扰、妨碍刑事诉讼程序正常进行的，处一年以上八年以下监禁。

第三百三十八条　监狱暴乱

一、被依法剥夺人身自由的人员聚集，意图使用暴力而使自身获得自由，或者意图联合攻击看守人员，或者意图使用暴力或者威胁使用暴力强迫看守人员违背自身职责实施或者不实施某一行为，处三年以下监禁。

二、犯第一款之罪，使用暴力或者威胁使用暴力的，处六个月以上五年以下监禁。

第三百三十九条　被羁押人员脱逃及协助被羁押人员脱逃

一、被依法剥夺人身自由的人员，通过使用暴力或者以实施直接攻击他人生命或者身体为威胁的方式，从被羁押的监管场所中脱逃的，处六个月以上五年以下监禁。

二、以暴力、威胁、欺骗或者其他方式协助被依法剥夺自由的人员脱逃的，依照第一款的规定处罚。

三、以犯罪团伙形式犯第一款和第二款之罪的，或者协助大量被依法剥夺人身自由的人员脱逃的，处一年以上八年以下监禁。

第三百四十条　拒不执行裁决

一、公职人员或者相关负责人拒绝执行法院最终裁决或者未能在法律或裁决规定期限内执行的，处三个月以上三年以下监禁，并处罚金。

二、第一款所指人员执行法院最终裁决的，可以免予处罚。

第三百四十条之 a　违反保安处分措施中所规定的禁令

违反保安处分措施中所规定的禁令的，处罚金或者六个月以下监禁。

第三百四十一条　为非法从事特定职业、职能、职责、任务及活动提供便利

明知针对他人的保安处分措施、保护性监管措施已经实施，或者意识到相关禁令作为裁决的法律后果已经生效，且在该保安处分、保护性监管措施或者定罪的法律后果中对该人有明确的禁止性规定，但仍然为该人从事某一职业、职能、职责、任务或者活动提供便利的，处罚金或者二年以下监禁。

第三百四十二条　非法提供法律服务

未经授权，以获取报酬为目的，向他人提供法律服务的，处罚金或者二年以下监禁。

第三十一章　危害社会治安秩序的犯罪

第三百四十三条　引起恐慌、混乱

一、披露、传播不实信息、声明并因此导致恐慌，或者严重扰乱社会治安秩序，或者阻止、严重阻碍执行政府行政部门、组织之决定的，处三个月以上三年以下监禁，并处罚金。

二、通过媒体或者以类似手段，或者在公众集会上，犯第一款之罪的，处六个月以上五年以下监禁。

第三百四十四条　暴力行为

一、通过对他人实施粗鲁侮辱、虐待、直接暴力、挑起争斗或者其他粗野行为，对公民造成极大痛苦或者严重扰乱社会治安秩序的，处三年以下监禁。

二、以犯罪团伙形式犯第一款之罪的，或者犯第一款之罪，造成他人轻伤的，或者使被害人遭受严重侮辱的，处六个月以上五年以下监禁。

第三百四十四条之 a　在体育赛事或者公众集会期间实施暴力行为

一、对体育赛事、公众集会参与者进行暴力袭击、人身攻击的；在到达、离开体育赛事、公众集会时实施暴力行为或者损坏较大价值资产的；携带可导致人体伤害或危害体育赛事参与者健康的物品、烟火装置或者其他易爆、易燃或有害物质进入体育场馆的；向运动场地、观众席内投掷上述物品，破坏体育场馆及场馆设备、装置和设施的；在体育赛事上作出的行为或口号造成民族、种族、宗教仇恨；基于某种歧视性原则的不容异己，导致体育赛事参与者遭受身体暴力的，处一年以上五年以下监禁，并处罚金。

二、以犯罪团伙形式犯第一款之罪的，处二年以上八年以下监禁。

三、领导实施第一款之罪的，处三年以上十二年以下监禁。

四、犯第一款之罪，并造成暴乱，因此导致他人重伤或者造成巨大财产损害的，处三年以上十二年以下监禁。

五、负责人、公职人员在组织体育赛事、公众集会时，未采取安全措施以防止、制止暴乱，从而危及大量人员生命、身体安全或者具有巨大价值的财产安全的，处三个月以上三年以下监禁，并处罚金。

六、在体育赛事中犯第一款至第四款之罪的，法院应责令采取保安处分措施，禁止犯罪人参与特定的体育赛事。

第三百四十五条　共谋犯罪

一、与他人共谋实施应被判处五年以上监禁之罪的，处罚金或者一年以下监禁。

二、第一款中的共谋犯罪指向应被判处无期徒刑的犯罪的，处三个月以上三年以下监禁。

第三百四十六条　组建犯罪团伙或有组织犯罪集团

一、意图实施应被判处三年及其以上监禁的犯罪，而组建犯罪团伙的，如果该组建行为并不构成其他更严重的犯罪，处六个月以上五年以下监禁。

二、组建有组织犯罪集团的，如果该组建行为并不构成其他更严重的犯罪，处一年以上八年以下监禁。

三、加入第一款中的犯罪团伙的，处三个月以上三年以下监禁。

四、加入第二款中的有组织犯罪集团的，处六个月以上五年以下监禁。

五、以实施应被判处二十年监禁或者无期徒刑的犯罪为目的，而组建第一款和第二款中的犯罪团伙和有组织犯罪集团，相关犯罪团伙或者有组织犯罪集团的组织者，处十年以上监禁或者无期徒刑，犯罪团伙或者有组织犯罪集团的参加者，处六个月以上五年以下监禁。

六、第一款、第二款和第五款所指犯罪团伙或者有组织犯罪集团的组织者，揭露自身犯罪团伙或者有组织犯罪集团，或者以其他方式阻止相关犯罪团伙或者有组织犯罪集团实施犯罪的，处三年以下监禁，也可以免予处罚。

七、第三款至第五款所指犯罪团伙、有组织犯罪集团的参加者，在作为该犯罪团伙、有组织犯罪集团的成员，或者代表该犯罪团伙、有组织犯罪集团的利益，犯下第三款至第五款所述罪行之前，揭露该犯罪团伙、有组织犯罪集团，而该犯罪团伙、有组织犯罪集团正是为实施此犯罪而组建的，处罚金或者一年以下监禁，也可以免予处罚。

第三百四十七条　制作、获取犯罪武器及工具

以犯罪为目的，制造、采购或者准许他人获取武器、弹药、爆炸物、爆破爆炸剂，以及制造上述物品或者毒药所需工具的，处一年以上五年以下监禁。

第三百四十八条　非法制造、持有、携带及流通武器及炸药

一、未经授权，制造、改装、销售、采购、交换或者持有枪支、可转换武器*或失能武器**及其零部件、弹药、易爆物质或者爆破爆炸剂的，处六个月以上五年以下监禁，并处罚金。

二、如果第一款所涉的物品，属于禁止公民制造、销售、采购、交换或者持有的枪支、弹药、爆炸物、爆破爆炸剂或者由爆炸物或者毒气武器制成的制剂的，处一年以上八年以下监禁，并处罚金。

三、如果第一款和第二款所涉的物品为数量较大的武器、弹药或者制剂，或者具有巨大破坏力的武器及其他制剂的，或者犯罪行为违反国际法规则的，处二年以上十二年以下监禁。

四、未经授权，携带第一款和第二款所涉的物品的，处二年以上十二年以下监禁。

五、有采购和保管资格的人，未经授权而持有第一款所涉的物品的，处六个月以上五年以下监禁。

六、第一款至第五款中的武器及相关零件、弹药、物质和制剂，应当予以没收。

---

* 可转换武器是一种具有普通枪支的外观和功能的非致命枪械，可以通过更换或改装主要部件，改装成能发射真弹的枪械。——译者注

** 失能武器又被称为非致命性武器或软杀伤武器，在使用过程中既不会对人员产生致命性损伤，也不会造成环境破坏或设备完全损毁，只是使敌方人员和装备丧失作战能力。——译者注

第三百四十九条　参与犯罪团伙

一、参与犯罪团伙，通过联合行动杀害他人或者给他人造成严重的人身伤害，严重损坏财产，或者实施其他应被判处五年及其以上监禁的犯罪，或者试图实施其中一项犯罪的，对于参与者，处三个月以上五年以下监禁。

二、犯第一款之罪的犯罪团伙的犯罪头目，处一年以上八年以下监禁。

第三百五十条　非法越境及贩卖人口

一、未经法定许可，携带武器或者使用暴力穿越或者试图穿越塞尔维亚边境的，处一年以下监禁。

二、意图为自己或者他人牟取利益，准许他人非法穿越塞尔维亚边境或者非法逗留、过境塞尔维亚的，处一年以上八年以下监禁。

三、以犯罪团伙形式或者以滥用职权的方式，危及非法越境者、逗留者及被转运者生命健康的方式犯第二款之罪的，或者犯第二款之罪时贩卖大量人口的，处二年以上十二年以下监禁。

四、以有组织犯罪集团的形式犯第二款之罪的，处三年以上十五年以下监禁。

五、意图用于实施或者已经用于实施第一款至第三款之罪的犯罪工具，应当予以没收。

第三百五十条之 a　为在外国滥用庇护权提供便利

一、意图为自己或者他人牟取物质利益，实行或者组织运输、转移、接受、提供住宿、藏匿或者以其他方式，使得假称其人权和自由受到威胁的塞尔维亚公民在外国寻求庇护的，处三个月以上三年以下监禁。

二、以犯罪团伙或者滥用职权的方式犯第一款之罪的，处六个月以上五年以下监禁。

三、组织犯第一款之罪的，处一年以上八年以下监禁。

四、意图用于实施或者已经用于实施第一款至第三款之罪的物品、运输工具和其他工具，应当予以没收。

第三百五十一条　浪费紧急救援时间

发出虚假的求救信号、紧急信号，或者无故呼救，并因此导致相关政府公共服务部门、消防队，或其他相关救助部门在毫无必要的情况下出动人员进行施救，或者造成交通秩序紊乱的，处罚金或者一年以下监禁。

第三百五十二条　非法组织赌博

一、未经主管部门核发许可证，组织赌博，处罚金或者二年以下监禁。

二、第一款所指赌博的组织者或者参与者，采用欺骗手段的，处三个月以上五年以下监禁。

三、意图用于实施或者已经用于实施第一款和第二款之罪的犯罪工具，以及赌博过程中使用的钱款和其他物品，应当予以没收。

第三百五十三条　无证执业

未取得执照，以获取报酬为目的，从事某种依照法规或者其他规则的规定需要有关主管机关或部门颁发从业执照的特定职业的，处罚金或者二年以下监禁。

第三百五十三条之 a　未经授权开展考古工作

一、未经授权，进行考古发掘及研究的，处三年以下监禁，并处罚金。

二、针对此前受到保护的考古文物或者其他不可移动文化资源犯第一款之罪的，或者对考古文物或者不可移动文化资源造成破坏的，或者在此前受保护的资源上或在实施未经授权的考古工作期间，使用了用于探测、发现考古文物之设备或者装置的，处六个月以上五年以下监禁，并处罚金。

三、第一款和第二款之罪所涉的文物，应当予以没收。

第三百五十四条　亵渎坟墓

一、未经授权，挖掘、拆除、损坏、亵渎坟墓或者其他埋葬死者的场所的，处罚金或者三年以下监禁。

二、未经授权，拆除、损坏、移动或者亵渎墓碑或其他逝者纪念碑的，依照第一款的规定处罚。

三、犯第一款和第二款之罪时，同时构成其他更为严重的犯罪的，则应当依照该更严重的犯罪处罚。

第三十二章　针对法律文书的犯罪

第三百五十五条　伪造文件

一、意图用作真文件而伪造或者变造文件的，或者将伪造、变造的文件用作真文件的，或者获取此类文件使用的，处三年以下监禁。

二、针对公文、遗嘱、汇票、支票、公共或官方记录或者其他依法保存的记录而犯第一款之罪的，处三个月以上五年以下监禁。

三、犯第一款之罪未遂的，应予处罚。

第三百五十六条　伪造文件的特殊情形

下列情形属于伪造文件，依照本法第三百五十五条规定处罚：

（一）未经授权，使用空白表格、纸张或者由他人签署的其他文件，填写具有法律文书效力之声明的；

（二）在文件内容方面欺骗他人，且该人在该文件上签字时，误认为其在其他文件或者具有其他内容的文件上签字的；

（三）未经授权，以他人之名义或者以不存在之人的名义签发文件的；

（四）行为人并不具备对文件的证明效力具有关键作用的职务、头衔或者身份，而在签发文件时注明上述职务、头衔或者身份的；

（五）未经授权，用真印章或者签名出具文书的。

第三百五十七条　伪造官方文件

一、公职人员在官方文件、记录或者档案中写入虚假数据或者未写入重要数据的，或者用其本人签名或公章认证内含虚假内容的官方文件、记录或档案的，或者用其本人签名或公章准许他人出具内含虚假内容的官方文件、记录或者档案的，处三个月以上五年以下监禁。

二、公职人员在职期间使用伪造文件、记录或档案的，或者销毁、隐藏或严重损坏官方文件、记录或档案的，或者使之无法使用的，依照第一款的规定处罚。

三、企事业单位或者其他单位的负责人，犯第一款和第二款之罪的，依照相应犯罪的刑罚予以处罚。

第三百五十八条　引诱认证虚假内容

一、通过欺骗主管部门，诱使主管部门就公文、会议纪要或者记录中所载虚假数据进行认证，使其可以作为合法交易证据使用的，处三个月以上五年以下监禁。

二、使用明知属于伪造的文件、会议纪要或者记录的，依照第一款的规定处罚。

第三十三章　违背公务职责的犯罪

第三百五十九条　滥用职权

一、官员滥用职权、超越其职务权限或者玩忽职守，为自己或其他自然人、法人获取利益的，或者对第三方造成损害的，或者严重侵犯他人权利的，处六个月以上五年以下监禁。

二、犯第一款之罪牟取物质利益超过四十五万第纳尔的，处一年以上八年以下监禁。

三、犯第一款之罪牟取物质利益价值超过一百五十万第纳尔的，处二年以下十二年以下监禁。

第三百六十条　法官、检察官或者其助手违背职责

一、法官或者陪审员、检察官或者其助手，在法庭诉讼过程中，意图牟取利益或者损害他人利益，作出违法决定或者以其他方式违反法律的，处六个月以上五年以下监禁。

二、犯第一款之罪牟取物质利益超过四十五万第纳尔的，处一年以上八年以下监禁。

三、犯第一款之罪牟取物质利益价值超过一百五十万第纳尔的，处二年以上十二年以下监禁。

第三百六十一条　玩忽职守

一、公职人员违反法规、其他规则或者一般法案，尽管行为人本人已经意识到，或者有义务且本可以意识到此类行为可能会严重侵犯他人权利或者造成物质损失，但仍然拒不履行其监督职责，或者在履行职责期间存在明显过失，并因此发生此类违规行为,造成财产损失超过四十五万第纳尔的,处罚金或者三年以下监禁。

二、犯第一款之罪严重侵犯他人权利或者造成物质损失超过一百五十万第纳尔的,处六个月以上五年以下监禁。

三、事业单位或者其他单位的负责人(从事商业活动的除外),犯第一款和第二款之罪的,依照相应犯罪的刑罚予以处罚。

第三百六十二条　非法收付款

公职人员,向他人收取其无义务缴纳之款项的,或者向他人收取超过其应缴纳金额之款项的,或者在向他人支付款项或者移交物品时,故意不支付或者不移交的,或者故意少支付或者少移交的,处罚金或者三年以下监禁。

第三百六十二条之 a　不当使用预算资金

预算资金使用单位的负责人或者强制性社会保险单位的负责人,在预算账户中产生的债务或者批准的支出或者费用,比法定预算、财务计划或者政府法案所确定的数额超出一百万第纳尔的,处罚金或者一年以下监禁。

第三百六十三条　职务欺诈

一、公职人员或者相关负责人在履行职责时,意图为自己或者他人牟取非法物质利益,通过提交虚假账目或者以其他方式误导主管人员批准某项非法支付的,处六个月以上五年以下监禁,并处罚金。

二、犯第一款之罪牟取物质利益超过四十五万第纳尔的,处一年以上八年以下监禁,并处罚金。

三、犯第一款之罪牟取物质利益超过一百五十万第纳尔的,处二年以上十二年以下监禁,并处罚金。

第三百六十四条　职务侵占

一、意图为自己或者他人牟取非法物质利益,利用其在政府部门、事业单位或者其他与从事经济活动无关之单位的职务或者职位之便,侵占受其托管的金钱、有价证券或者其他动产的,处六个月以上五年以下监禁。

二、犯第一款之罪牟取物质利益超过四十五万第纳尔的,处一年以上八年以下监禁。

三、犯第一款之罪牟取物质利益超过一百五十万第纳尔的，处二年以上十二年以下监禁。

第三百六十五条　未经授权使用托管财物

意图为自己或者他人牟取非法物质利益，利用其职务或者其在政府部门、企事业单位或者其他组织或仓库的职位之便，使用受其托管的金钱、有价证券或者其他动产的，或者未经授权将这些物品交给他人使用的，处六个月以上五年以下监禁。

第三百六十六条　利用影响力交易

一、利用其公职、社会地位、实际影响力或者被认为具有的影响力，直接或者通过第三方间接为自己或他人索取或者收受报酬或者其他利益，使某种公务行为得以执行或者不被执行的，处六个月以上五年以下监禁。

二、直接或者间接通过第三方许诺、提议给予或者给予他人报酬或者其他利益，通过利用他人的公职、社会地位或者被认为具有的影响力进行斡旋，使某种公务行为得以执行或者不被执行的，处三年以下监禁。

三、利用其公职、社会地位、实际影响力或者被认为具有的影响力进行斡旋，从而使得某种本不应被执行的公务行为得以执行，或者某种本应执行的公务行为不被执行的，处一年以上八年以下监禁。

四、直接或间接通过第三方许诺、提议给予或者给予他人报酬或其他利益，通过利用他人的公职、社会地位或者被认为具有的影响力进行斡旋，从而使某种本不应被执行的公务行为得以执行，或者某种本应执行的公务行为不被执行的，处六个月以上五年以下监禁。

五、犯第三款之妨碍行为时，收受报酬或者其他利益的，处二年以上十年以下监禁。

六、外国公职人员犯第一款至第四款之罪的，应当分别依照第一款至第四款之规定处罚。

七、犯本条之罪所收取的报酬或者其他利益，应当予以没收。

第三百六十七条　受贿

一、公职人员直接或者通过第三人为自己或者他人，索要、收受报酬或其他利益,或者接受关于提供报酬或其他利益的承诺,进而在其职权范围以内执行其本不应该执行之公务行为的,或者不执行其本应执行的公务行为的,处二年以上十二年以下监禁。

二、公职人员直接或者通过第三人为自己或者他人,索要、收受报酬或其他利益,或者接受关于提供报酬或其他利益的承诺,进而在其职权范围以内执行其本应该执行之公务行为的,或者不执行其本就不应该执行之公务行为的,处二年以上八年以下监禁。

三、负有侦破犯罪、提起或者指挥公诉、宣告或者执行刑事制裁措施职责的公职人员犯第一款和第二款之罪的,处三年以上十五年以下监禁。

四、公职人员在执行或者不执行第一款至第三款之公职行为后,索取或收受与该行为有关的报酬或其他财产利益的,处三个月以上三年以下监禁。

五、外国公职人员犯第一款至第四款之罪的,应当分别依照第一款至第四款之规定处罚。

六、非从事经济活动的机构或者其他单位的责任人员犯第一款、第二款和第四款之罪的,应当分别依照第一款、第二款和第四款之规定处罚。

七、犯本条之罪所收受的报酬或所获取的财产利益,应当予以没收。

第三百六十八条　行贿

一、向公职人员或者第三人提供、许诺提供报酬或者其他利益,以使该公职人员在职责范围之内实施其不应该实施的公务行为的,或者不实施其应该实施的公务行为的,或者为实施此种贿赂行为提供中介活动的,处六个月以上五年以下监禁。

二、向公职人员或者第三人提供、许诺提供报酬或者其他利益,以使该公职人员在职责范围之内实施其本应该实施的公务行为的,或者不实施其本不应该实施的公务行为的,或者为实施此种贿赂行为提供中介活动的,处三年以下监禁。

三、向外国公职人员行贿的,依照第一款和第二款之规定处罚。

四、犯第一款至第三款之罪,在知晓其犯罪行为被发现之前主动向有关部门交代的,可以免予处罚。

五、向非从事经济活动的机构或者其他单位的责任人员，提供或承诺提供贿赂的，依照第一款、第二款和第四款之规定处罚。

第三百六十九条　泄露政府秘密

一、未经授权，交流、传达或者以其他方式使他人获得属于政府秘密的信息的，或者以将上述信息传达给无权接触政府秘密的人员为目的获取该信息的，处六个月以上五年以下监禁。

二、犯第一款之罪，具有非法牟利之目的的，或者该信息具有特殊秘密性的，或者在国外发布、使用政府秘密的，处一年以上八年以下监禁。

三、过失犯第一款之罪的，处三年以下监禁。

四、所谓政府秘密，是指由法规、其他规则，或者由有权机关依照法律而通过的决定所宣称为政府秘密的信息或者文件，该信息或者文件的泄露行为会导致或者可能会导致政府部门的重大损失。

五、第四款中的政府秘密，不包括旨在严重侵犯基本人权、危害塞尔维亚宪法秩序及国家安全犯罪的信息或者文件，也不包括旨在隐瞒应被判处五年监禁以上的犯罪行为的信息或者文件。

六、公职人员离开其政府职位后泄露政府秘密的，依照第一款至第四款之规定处罚。

第三十四章　危害人类罪和侵犯国际法保护的其他权利的犯罪

第三百七十条　灭绝种族

以完全或者部分灭绝某一民族、人种、种族或宗教群体为目的，诸如命令对某一群体的成员实施集体屠杀或者对其身体或精神健康造成严重损害的，或者严重恶化该群体生存条件以致使该群体完全或者部分灭绝的，或者采取某种措施阻止该群体人口生育的，或者强行将该群体儿童迁入其他群体的，或者以相同目的实施上述数种犯罪的，处五年以上监禁或者无期徒刑。

第三百七十一条　危害人类犯罪

违反国际法规则，下达命令对平民群体实施以下广泛或者有系统的攻击：实施谋杀的；对该群体施加旨在导致其完全或者部分灭绝的生活条件、奴役、驱逐、酷刑、强奸的；强迫卖淫的；旨在改变种族平衡的强迫怀孕或者绝育的；基于政治、种族、民族、族裔、性别或者其他理由的迫害；强迫失踪；拘禁或者绑架有关人员且不予透露相关信息，从而剥夺其受到法律保护的权利的；对其他种族群体进行压迫，或者建立一个群体对另一个群体的统治的；故意造成巨大痛苦或者严重危害健康的其他类似不人道行为的。或者故意实施上述任何犯罪行为的，处五年以上监禁或者无期徒刑。

第三百七十二条　针对平民的战争

一、违反国际法规则，在战争、武装冲突，或者军事占领期间，发布以下命令：攻击平民、定居点、特定平民、丧失战斗能力的人员或者人道主义组织或和平特派团的成员或设施；无目标地肆意攻击、伤害或者损害国际法特别保护的平民或者民用建筑；明知攻击将对平民造成的间接伤害或者对民用建筑物造成的损害将明显超出所要达到的军事目的，却仍对军事目标进行攻击；下令对平民实施身体伤害、酷刑、非人道对待、生物、医学或者其他研究实验，或者摘取其组织、器官进行移植，或者实施其他损害健康或造成巨大痛苦的行为；或者对平民下令驱逐出境、迁徙或者强迫改变国籍或者宗教信仰；强迫平民卖淫或者强奸；对平民实施恐吓和恐怖措施、劫持人质、集体惩罚、非法剥夺自由、非法拘禁；剥夺平民获得公正审判的权利；宣布在法庭诉讼中禁止、中止或者不允许敌方国民行使权利和采取行为；强迫平民在敌对势力的部队或者其情报工作或者行政管理服务处服役；强迫十七周岁以下人员服兵役；强迫平民劳动；使平民忍饥挨饿；非出于军事需要非法没收、侵吞或者破坏平民财物；向平民非法及过度索取捐税或实施征用；使当地货币贬值或非法发行货币；以及实施上述任何犯罪行为的，处五年以上监禁。

二、违背国际法规则，在战争、武装冲突或军事占领期间，发布以下命令：攻击受国际法特别保护的设施以及具有危险性的设备和设施，例如水坝、堤防、核电站；攻击受国际法特别保护的民用设施、无防御地区和非军事区；对环境造成长期且广泛的破坏，可能危害人类健康或者人类生存，或者实施上述任何犯罪行为的，依照第一款之规定处罚。

三、在战争、武装冲突或军事占领期间，下达命令屠杀平民的，或者实施屠杀平民行为的，处十年以上监禁或者无期徒刑。

四、违反国际法规则，在战争、武装冲突或军事占领期间，作为军事占领者下达命令让其公民迁徙到被占领土上的，或者执行该命令的，处五年以上监禁。

五、威胁犯第一款和第二款之罪的，处六个月以上五年以下监禁。

第三百七十三条　针对伤病者的战争犯罪

一、在战争、武装冲突或者军事占领期间违反国际法规则，存在下列行为的，处五年以上监禁：下令对伤者、病者、遭遇海难者、医务人员或者宗教人员实施身体伤害、酷刑、非人道对待、生物、医学或者其他研究实验、摘取其组织或器官进行移植或者其他损害健康或造成巨大痛苦的行为；非出于军事需要而下令大量销毁或者侵吞医疗机构或者单位的物资、医疗运输工具及库存；实施上述任何违法行为。

二、在战争、武装冲突或军事占领期间，下令屠杀平民，或者实施上述犯罪行为的，处十年以上监禁或者无期徒刑。

第三百七十四条　针对战俘的战争犯罪

一、违反国际法规则，存在以下行为的，处五年以上监禁：针对战俘下达如下命令：实施伤害、酷刑、非人道对待、进行生物、医学或者其他研究实验、摘取其组织或器官进行移植，或者实施其他损害健康并对战俘造成巨大痛苦的行为，或者强迫战俘在敌对势力的部队服役或者剥夺其接受公正、常规审判的权利；以及实施上述任何犯罪行为。

二、下达命令屠杀战俘的，或者对战俘实施屠杀行为的，处十年以上监禁或者无期徒刑。

第三百七十五条　组织或者煽动灭绝种族及战争罪

一、与他人共谋实施本法第三百七十条至第三百七十四条之罪的，处三个月以上三年以下监禁。

二、组织犯罪团伙实施第一款之罪的，处五年以上十五年以下监禁。

三、组织有组织犯罪集团实施第一款之罪的，处五年以上监禁。

四、加入第二款中的犯罪团伙的，处一年以上八年以下监禁。

五、加入第三款中的有组织犯罪集团的，处二年以上十年以下监禁。

六、犯第一款、第四款和第五款之罪，在作为该犯罪团伙、有组织犯罪集团的成员或者代表该犯罪团伙、有组织犯罪集团的利益而实施犯罪之前，揭发该犯罪团伙、有组织犯罪集团的犯罪阴谋的，可以减轻处罚。犯第二款和第三款之罪，阻止该犯罪团伙、有组织犯罪集团实施第一款之罪的，可以减轻处罚。

七、鼓动或者煽动实施本法第三百七十条至第三百七十四条之犯罪行为的，处一年以上十年以下监禁。

第三百七十六条　使用禁止使用的武器装备

一、在战争、武装冲突期间，下达命令使用被国际法所明确禁止使用的武器装备、战斗手段的，或者使用被国际法所明确禁止使用的武器装备、战斗手段的，处二年以上十年以下监禁。

二、犯第一款之罪造成大量人员死亡的，处五年以上监禁或者无期徒刑。

三、鼓动使用第一款中的武器装备、战斗手段的，或者准备使用第一款中的武器装备、战斗手段的，处六个月以上五年以下监禁。

第三百七十七条　非法生产、经营或者持有被禁止生产及使用的武器

一、违反法规、规则或者国际法规则，生产、购买、销售、进口、出口、以其他方式采购或者向他人提供、储存、运输禁止生产或使用的武器装备以及制造该武器装备的工具的，处一年以上八年以下监禁。

二、公职人员或者责任人员命令或者使得法人实体实施第一款之行为的，处二年以上十年以下监禁。

第三百七十八条　非法杀害和伤害敌军人员

一、违反国际法规则，在战争、武装冲突期间，杀害、伤害已经放下武器，或者已经无条件投降或没有防御手段的敌军人员的，处一年以上十五年以下监禁。

二、以背信弃义方式或者出于其他卑劣动机犯第一款之罪的，处十年以上监禁。

三、以残忍手段或者以牟利为目的犯第一款之罪的，或者犯第一款之罪造成多人被杀害的，处十年以上监禁或者无期徒刑。

四、违反国际法规则，在战争、武装冲突期间下达对敌军人员实施格杀勿论的军事命令的，或者按照格杀勿论的目标作战的，依照第三款的规定处罚。

第三百七十九条　非法侵吞死伤者物品

一、下令非法侵吞战场上死者、伤者的物品，或者实施上述犯罪的，处一年以上五年以下监禁。

二、以残忍方式犯第一款之罪的，或者所侵吞的财产价值超过四十五万第纳尔的，处一年以上八年以下监禁。

三、犯第一款之罪，所侵吞的财产价值超过一百万第纳尔的，处二年以上十年以下监禁。

第三百八十条　侵犯休战旗帜携带者所受到的特殊保护权

在战争、武装冲突期间，违反国际法规则，侮辱、虐待、拘禁携带休战旗帜的人员、使者及其随从的，或者阻止其返回的，或者以其他某种方式侵犯其不可侵犯性的，或者命令实施上述犯罪行为的，处六个月以上五年以下监禁。

第三百八十一条　以残忍方式对待伤病者及战俘

违反国际法准则，以残忍方式对待伤病者及战俘，或者阻止、妨碍上述人员行使国际法所赋予的权利的，或者命令实施上述犯罪行为的，处六个月以上五年以下监禁。

第三百八十二条　没有正当理由拖延遣返战俘

违反国际法，在战争、武装冲突结束后无故拖延遣返战俘、平民，或者下令实施上述犯罪行为的，处六个月以上五年以下监禁。

第三百八十三条　破坏文化遗产

一、在战争、武装冲突期间，违反国际法规则，摧毁文化、历史遗迹或者其他文化或宗教设施，或者摧毁用于艺术、科学、教育、人道主义事业的机构、设施，或者下令实施该犯罪行为的，处三年以上十五年以下监禁。

二、犯第一款之罪致使受到国际法特殊保护的文化设施、机构遭到破坏的，处五年以上十五年以下监禁。

第三百八十四条　未能阻止反人类罪及侵犯其他受到国际法保护的基本权利的犯罪

一、军事指挥官、实际履行军事指挥职能的人，明知受其指挥、控制的部队正在准备或者已经着手实施本法第三百七十条至第三百七十四条、第三百七十六条、第三百七十八条至第三百八十一条以及第三百八十三条之犯罪，但未采取本可采取或者有义务采取的阻止措施，导致该犯罪行为实际发生的，应当依照该犯罪之法定刑承担相应之刑事责任。

二、其他上级军事官员，明知受其直接指挥、控制的部队，正在准备实施或者已经着手实施本法第三百七十条至第三百七十四条、第三百七十六条、第三百七十八条至第三百八十一条和第三百八十三条之犯罪，但未采取本可采取或者有义务采取的阻止措施，导致该犯罪行为实际发生的，应当依照该犯罪之法定刑承担相应之刑事责任。

三、过失犯第一款和第二款之罪的，处六个月以上五年以下监禁。

第三百八十四条之 a 违反国际组织所实施的制裁

一、违反塞尔维亚所参加的国际组织作出的，对塞尔维亚及其公民以及在塞尔维亚登记注册的法人有拘束力的，旨在限制其同某些国家或者地区进行进口、出口、运输、货物中转、提供技术支持、进行技术及知识转让以及其他方面的禁令的，处三个月以上三年以下监禁并处罚金。

二、犯第一款之罪对塞尔维亚造成财产损失的，或者对塞尔维亚的名誉和利益造成危害后果的，处一年以上八年以下监禁并处罚金。

第三百八十五条 滥用国际标记

一、滥用或者未经授权携带联合国机构或者国际红十字会的旗帜徽章或者其他标记，或者其他标示在特定设施上的用于免受军事打击的国际公认标记的，或者命令实施上述犯罪行为的，处三年以下监禁。

二、在军事作战区域犯第一款之罪的，处六个月以上五年以下监禁。

第三百八十六条 发动侵略战争

一、鼓动或者煽动发动侵略战争的，处二年以上十二年以下监禁。

二、下令发动侵略战争的，处十年以上监禁或者无期徒刑。

第三百八十六条之 a 参与外国战争或者武装冲突

一、作为冲突方军队或者准军事部队成员的塞尔维亚的公民，但非外国公民也非塞尔维亚所属国际组织官方使团成员，参与外国战争或者武装冲突的，处六个月以上五年以下监禁。

二、以犯罪团伙的形式犯第一款之罪的，处一年以上八年以下监禁。

第三百八十六条之 b 组织参与外国战争或者武装冲突

一、意图在塞尔维亚境内实施本法第三百八十六条之 a 所述犯罪行为，通过招募或者鼓励他人、组织团体或者训练他人及其他团体的形式实施上述犯罪行为的，或者为实施上述犯罪行为提供装备或者募集资金的，处二年以上十年以下监禁。

二、实施第一款之犯罪行为，即使组织者非塞尔维亚公民，也将依照第一款的规定处罚。

第三百八十七条 种族歧视及其他歧视

一、基于种族、肤色、宗教、国籍、族裔或者其他个人特征等理由，侵犯国际社会所公认的或者塞尔维亚所批准的国际条约所保障的基本人权和自由的，处六个月以上五年以下监禁。

二、基于对相关组织或者个人在捍卫人类平等方面所作之努力的仇视而对他人进行迫害的，依照第一款的规定处罚。

三、宣扬一个种族比其他种族优越的意识形态，或者宣扬种族不容异己，或者煽动种族歧视的，处三个月以上三年以下监禁。

四、基于种族、肤色、宗教、国籍、族裔或者其他个人特征等理由，散布或者以其他方式公开包含对任何人或者群体的仇恨、歧视、暴力等思想、理论的书籍、图像或者任何其他表现形式的资料的，处三个月以上三年以下监禁。

五、基于种族、肤色、宗教、国籍、族裔或者其他个人特征等理由，公开赞同、否认存在对某群体或者某群体的成员所犯下的灭绝种族罪、危害人类罪和战争罪，或者显著削弱前述罪行的严重性的，其方式可能导致某一个人或者某一群体遭受暴力或者被煽动产生民族仇恨，而塞尔维亚法院或者国际刑事法院的最终判决确定了上述犯罪的，处六个月以上五年以下监禁。

六、基于种族、肤色、宗教、国籍、族裔或者其他个人特征等理由，公开威胁对某一个人或者某一群体实施应被判处四年以上监禁的犯罪的，处三个月以上三年以下监禁。

第三百八十八条 贩卖人口

一、意图剥削他人的劳动，或者意图强迫他人劳动、犯罪、卖淫、实施桃色骗局、从事色情活动、切除器官或身体部位或者在武装冲突中服役，从而使用暴力、威胁，或者实施欺骗、隐瞒真相，或者滥用权力、信任和依赖关系，或者利用他人的艰难处境，或者扣押他人的身份证件，或者以提供、接受金钱或其他利益，招募、运输、中转、出卖、购买、中介、藏匿、扣留他人的，处三年以上十二年以下监禁。

二、针对未成年人犯第一款之罪，即使没有使用暴力、威胁或者第一款所提及的其他方式的，也应当处以相应犯罪之刑罚。

三、针对未成年人犯第一款之罪的，处五年以上监禁。

四、犯第一款和第二款之罪并因此造成他人重伤的，处五年以上十五年以下监禁，犯第三款之罪并因此给未成年人造成重伤的，处五年以上监禁。

五、犯第一款和第三款之罪并因此造成一人或者多人死亡的，处十年以上监禁。

六、习惯性犯第一款至第三款之罪的，或者以犯罪团伙形式犯第一款至第三款之罪的，处五年以上监禁。

七、以有组织犯罪集团形式犯第一款至第三款之罪的，处十年以上监禁。

八、知道或者应当知道是贩卖人口活动的受害人，仍然滥用职权或者允许他人滥用职权实施第一款所述剥削行为的，处六个月以上五年以下监禁。

九、知道或者应当知道是未成年人，仍然针对未成年人犯第八款之罪的，处一年以上八年以下监禁。

十、本罪中的被害人是否接受了第一款中的剥削行为或者被奴役状态，对于第一款、第二款和第六款之罪的成立并无影响。

第三百八十九条　以收养为目的贩卖未成年人

一、违反现行法律，为收养而使用暴力诱拐十六周岁以下未成年人，或者收养前述未成年人，或者作为中间人从事收养行为，或者为此目的买卖、移交或者移送十六周岁以下未成年人，或者为其提供住宿或者藏匿该未成年人的，处一年以上五年以下监禁。

二、习惯性犯第一款之罪的，或者以犯罪团伙形式犯第一款之罪的，处三年以上监禁。

三、以有组织犯罪集团形式犯第一款之罪的，处五年以上监禁。

第三百九十条　奴役或者运送被奴役者

一、违反国际法规则，奴役他人，或者使他人处于奴隶地位、拥有奴隶身份或者类似身份，或者买卖、中转他人或者在买卖和移交过程中充当中间人，或者诱使他人出卖自己的自由或出卖该人所赡养或者养育之人的自由的，处一年以上十年以下监禁。

二、将被奴役的人或者处于类似地位的人从一个国家运送至另一个国家的，处六个月以上五年以下监禁。

三、针对未成年人犯第一款和第二款之罪的，处五年以上十五年以下监禁。

第三百九十条之 a　（已废止）

第三百九十一条　恐怖主义

一、意图严重恐吓或者胁迫塞尔维亚人民、外国或者国际组织实施或者不实施某项行为，或者意图严重损害或者违反塞尔维亚、外国或者国际组织的主要宪法、政治、经济或者社会结构，有下列行为之一的，处五年以上十五年以下监禁：

（一）攻击他人的生命、身体或者侵犯他人的自由；

（二）绑架或者劫持人质；

（三）以可能危及人民生命安全或者造成相当大的经济损失的方式，破坏国家公共设施、交通系统、基础设施（包括信息系统）、大陆架固定平台、公共物品或者私人财产；

（四）劫持飞机、船只或者其他公共交通工具或者货运工具；

（五）生产、拥有、获取、运输、供应、使用核武器、生物武器、化学武器或者其他武器、炸药、核材料或者其他放射性材料或者装置，包括研究和开发核武器、生物武器或者化学武器；

（六）投放危险物质，或者引起火灾、爆炸、洪水，或者实施其他可能危及生命的一般危险行为；

（七）干扰或中断水、电或其他可能危及人的生命的基本自然资源的供应。

二、威胁实施第一款之罪的，处六个月以上五年以下监禁。

三、犯第一款之罪，造成一人或者多人死亡的，或者导致大规模破坏的，处十年以上监禁。

四、意图杀害一人或者多人而实施第一款之罪的，处十二年以上监禁或者无期徒刑。

五、为实施第一款之罪获取、改造犯罪工具的，或者消除实施该犯罪的障碍的，或者在他人同意或者与他人一同计划、组织的情况下实施该犯罪的，或者采取任何其他行动为直接实施该犯罪创造条件的，处一年以上五年以下监禁。

六、为实施第一款之罪,而向塞尔维亚境内运送或者运输任何人员、武器、炸药、毒药、设备、弹药或者其他材料的,处二年以上十年以下监禁。

第三百九十一条之 a　公开煽动实施恐怖活动

公开表达或者传播直接或间接煽动实施本法第三百九十一条所述犯罪思想的,处一年以上十年以下监禁。

第三百九十一条之 b　招募培训恐怖分子

一、意图实施本法第三百九十一条之罪,招募他人实施或者参与实施该犯罪,或者加入恐怖组织以参与实施该犯罪的,处一年以上十年以下监禁。

二、意图实施本法第三百九十一条之罪,教授他人制造、使用引爆装置、火器或者其他武器或有害危险物质的,或者培训他人实施或者参与实施该犯罪的,依照第一款的规定处罚。

三、意图实施本法第三百九十一条之罪,到国外准备、培训、筹划或者参与实施该犯罪的,处六个月以上五年以下监禁。

第三百九十一条之 c　使用致命装置

一、意图剥夺他人生命而造成他人重伤的,或者摧毁、严重破坏国家公共设施、公共交通系统或对公民安全、供应、经济、公共服务的运作更为重要的其他物品的,或者在公共场所、公共设施内或附近制造、运输、持有、向他人提供、设置、激活致命装置(炸药、化学品、生物物质、毒药、放射性物质)的,处一年以上八年以下监禁。

二、犯第一款之罪,故意造成他人重伤的,或者摧毁或严重破坏公共设施的,处五年以上十五年以下监禁。

三、犯第一款之罪并因此造成一人或者多人死亡的,处十年以上监禁或者无期徒刑。

第三百九十一条之 d　毁坏或者破坏核设施

一、以剥夺他人生命,造成他人重伤,危害环境或者造成重大物质损害为目的,以释放或者可能释放放射性物质的方式摧毁或者损坏核设施的,处二年以上十年以下监禁。

二、犯第一款之罪,故意造成他人重伤,或者摧毁或严重破坏核设施的,处五年以上十五年以下监禁。

三、犯第一款之罪,故意剥夺一人或者多人生命的,处十年以上监禁或者无期徒刑。

第三百九十二条　挟持人质

一、对受国际保护的人员及其家庭成员实施绑架或者其他暴力行为,或者袭击其官邸、私人公寓或者交通工具的,处一年以上十年以下监禁。

二、犯第一款之罪,造成一人或者多人死亡的,处五年以上监禁。

三、犯第一款之罪,故意剥夺他人生命的,处十年以上监禁或者无期徒刑。

四、通过严重威胁攻击其本人及其官邸、私人公寓或者交通工具而危害第一款所述人员安全的,处六个月以上五年以下监禁。

第三百九十三条　资助恐怖活动

一、直接或间接提供或者筹措资金,用于资助或者明知全部或部分将用于资助实施本法第一百三十四条、第二百八十七条、第二百九十条至第二百九十三条、第三百九十一条以及第三百九十二条之罪,或者资助意图实施上述犯罪的组织、该等组织的成员或意图实施上述犯罪的人员的,处一年以上十年以下监禁。

二、第一款所指资金可为有形或者无形、可移动或者不可移动的资金,无论通过何种方式获取,无论证明其所有权或者权益的文件或者文书为何种形式,包括电子或者数字形式,银行贷款、旅行支票、货币汇票、证券、信用证和其他资金均属该等资金。

三、第一款所涉的资金,应当予以没收。

第三百九十三条之a　恐怖主义团体

一、两名或者两名以上人员为实施本法第三百九十一条至第三百九十三条之罪而长期结社的,则应当依照该团体组织成立时意图实施的犯罪之规定进行处罚。

二、实施第一款的行为人,通过披露有关团体的信息,或者通过其他方式阻止第一款之罪发生的,或者帮助查明该犯罪的,处三年以下监禁,也可以免予处罚。

第三十五章　针对塞尔维亚军队的犯罪

第三百九十四条　逃避服兵役

一、没有正当理由,不服从征兵、义务兵役、预备役军人培训的征召,或者逃避接收要求提供上述军事服务的征召通知书的,处罚金或者一年以下监禁。

二、为逃避第一款规定的军事义务而躲藏隐匿的,处三个月以上三年以下监禁。

三、为逃避第一款规定的军事义务而离境或者居留在国外的,处一年以上八年以下监禁。

四、鼓动或者煽动多人犯第一款至第三款之罪,按照以下处罚:犯第一款之罪的,处三年以下监禁;犯第二款和第三款之罪的,处二年以上十二年以下监禁。

五、犯第一款至第三款之罪,主动向政府主管部门报告的,可以免予处罚。

第三百九十五条　逃避登记及检查

违反法定义务,没有正当理由拒不遵守政府主管部门征召中确定的登记或者审查义务的,或者拒不配合国防所需的人力或者物力资源的登记或者审查工作的,或者在上述登记或者审查过程中提供虚假信息的,处罚金或者一年以下监禁。

第三百九十六条　未能提供物力资源

一、违反法定义务,没有正当理由,未在指定地点和时间内,按照预期目的交付物力资源或者牲畜的,处罚金或者一年以下监禁。

二、在战争、武装冲突期间或者紧急状态期间犯第一款之罪的,处六个月以上五年以下监禁。

第三百九十七条　以自残或者欺诈方式逃避服兵役

一、意图逃避服兵役或者被分配到更轻松的军事岗位而伤害自己,或者通过其他方式使自己暂时丧失服兵役的能力的,或者允许他人暂时丧失服兵役的能力的,或者怀着相同意图,在经他人许可或者未经他人许可的情况下,暂时使他人丧失暂时丧失服兵役的能力的,处三个月以上五年以下监禁。

二、犯第一款之罪并因此造成永远丧失服兵役能力的残疾的,处一年以上八年以下监禁。

三、意图实现第一款之犯罪目的,为自己或者他人伪造病历或者使用虚假文件,或者采取其他欺诈行为的,处三个月以上五年以下监禁。

第三百九十八条　非法免除他人的兵役

滥用职务或者职权使应服兵役的军人被免除服兵役,或者被分配到更轻松的军事岗位的,处六个月以上五年以下监禁。

第三百九十九条　擅离塞尔维亚军队

一、军事人员,在一年内或者更短时间内多次缺勤的情况下,未经请假缺勤至少五日,或者在执行重要任务期间或者在部队加强战备期间离开其部队或者岗位的,处罚金或者一年以下监禁。

二、军事人员为逃避服兵役而隐藏行径的,擅离其部队或者岗位超过三十日的,处三个月以上三年以下监禁。

三、军事人员为逃避服兵役而离境或者居留在境外的,处一年以上八年以下监禁。

四、军事人员为逃避在武装部队服兵役而预谋逃到境外的,处三个月以上三年以下监禁。

五、鼓动或者煽动多名军事人员犯第一款之罪的,处一年以上八年以下监禁。

六、鼓动或者煽动多名军事人员犯第二款和第三款之罪的,处二年以上十二年以下监禁。

七、犯第二款和第三款之罪,主动向政府主管机关报告愿服兵役的,可以免予处罚。

第四百条　未能或者拒绝服从命令

一、军事人员未能执行或者拒绝执行其上级官员有关服役的命令并因此对军队造成严重的不利后果,或者足以造成严重危害后果的,处三个月以上三年以下监禁。

二、犯第一款之罪并因此给军事部门造成严重的危害后果,或者涉及接受和使用武器的命令的,处一年以上八年以下监禁。

三、过失犯第一款之罪的,处罚金或者一年以下监禁;过失犯第二款之罪的,处三个月以上三年以下监禁。

第四百零一条　对抗上级

一、军事人员同其他军事人员一同对抗上级有关服役的命令,拒不服从该等命令或者拒不履行岗位职责的,处三个月以上三年以下监禁。

二、以有组织的形式犯第一款之罪的,处一年以上五年以下监禁。

三、使用武器犯第一款和第二款之罪的,处一年以上八年以下监禁。

四、军人实施第一款至第三款所述违法行为,犯过失杀人罪的,处二年以上十年以下监禁。

五、犯第二款之罪的组织人员或者犯罪头目,处二年以上十年以下监禁。

六、准备犯第二款之罪的,处三个月以上三年以下监禁。

七、军事官员在第一款至第四款之情况下,在其职权范围以内并未采取规定的、命令的,或者明显必要的措施恢复秩序的,处一年以上五年以下监禁。

第四百零二条　对抗执行特定军事职责的军事人员

对抗正在执行警戒、巡逻、值班、守卫或者其他类似任务的军事人员,或者拒不服从上述人员的盘问,或者未能执行或者拒绝执行上述人员的命令,并因此对军事部门造成严重的不利后果,或者足以造成严重危害后果的,处三个月以上三年以下监禁。

第四百零三条　对执勤军事人员实施强制行为

一、使用暴力或者以威胁直接使用暴力为手段,阻止军事人员执行任务,或者以同样之手段强迫其执行军事任务的,处三个月以上三年以下监禁。

二、犯第一款之罪并因此对军事部门造成严重危害后果的,处一年以上八年以下监禁。

三、犯第一款之罪未遂的,应予处罚。

第四百零四条　袭击正在执勤的军事人员

一、袭击或者威胁袭击正在执勤的军事人员,处三个月以上三年以下监禁。

二、犯第一款之罪,造成军人轻伤的,或者使用武器相威胁的,处三个月以上五年以下监禁。

三、犯第一款之罪,出于过失造成军事人员严重身体伤害的,或者过失对军事部门造成严重后果的,处一年以上八年以下监禁。

四、犯第一款之罪,出于过失造成军事人员死亡的,处二年以上十年以下监禁。

第四百零五条　对本法第四百条至第四百零四条之罪的免予处罚

受到军事人员的非法行为或者粗暴行为的挑衅并因此犯本法第四百条、第四百零一条第一款、第四百零二条、第四百零三条第一款、第四百零四条第一款和第二款之罪的,可以免予处罚。

第四百零六条　虐待下属或者下级

一、上级军官在服役中或者在与服役相关联的活动中,虐待下属或者下级军事人员的,或者以有损尊严的方式对待他们的,处三个月以上三年以下监禁。

二、犯第一款之罪并因此导致下属或者下级军事人员严重身体伤害或者严重损害其健康的,或者针对数人犯第一款之罪的,处一年以上五年以下监禁。

第四百零七条　违背特殊军事职责

一、军事人员违反有关执行警戒、巡逻、值班、守卫或者其他类似的军事任务的规则并因此对军事部门造成严重危害后果的,或者有造成严重后果的重要危险的,处三个月以上三年以下监禁。

二、如果第一款之罪,是在储备武器、弹药、爆炸物的仓库中实施的,或者在其他具有重要军事价值的军事设施中实施的,处三个月以上五年以下监禁。

三、犯第一款和第二款之罪并因此造成他人身体严重伤害、较大财产损失或者其他严重危害后果的,处一年以上八年以下监禁。

四、犯第一款和第二款之罪并因此造成一人或者多人死亡的,处二年以上十二年以下监禁。

五、过失犯第一款之罪的,处罚金或者一年以下监禁;过失犯第二款之罪的,处罚金或者二年以下监禁;过失犯第三款之罪的,处三个月以上三年以下监禁;过失犯第四款之罪的,处一年以上八年以下监禁。

第四百零八条　违背边境防卫职责

一、军事人员在边境履行职务期间,违背边境防卫规则并因此对军事部门造成严重危害后果的,或者有造成严重后果的重要危险的,处六个月以上五年以下监禁。

二、如果第一款之罪是在特殊情形下,履行职务的过程中犯下的,或者犯第一款之罪造成他人身体严重伤害、较大财产损失或者其他严重危害后果的,处一年以上八年以下监禁。

三、犯第一款之罪并因此造成一人或者多人死亡的,处二年以上十二年以下监禁。

四、过失犯第一款之罪的,处罚金或者一年以下监禁。

五、犯第四款之罪而造成第二款之后果的,处三个月以上三年以下监禁;犯第四款之罪而造成第三款之后果的,处一年以上八年以下监禁。

第四百零九条　提交虚假报告或者陈述

一、军事人员在正式向上级作口头报告或者提交书面报告时,如果该报告中对军事部门非常重要的信息并不真实,或者该报告中遗漏重要的事项,或者军事人员明知该报告中存在虚假信息却仍然进行提交,并因此对军事部门造成严重危害后果的,或者具有造成严重危害后果的重大危险的,处三个月以上三年以下监禁。

二、犯第一款之罪,如果所提交的报告具有特殊的重要意义,或者对军事部门造成特别严重的危害后果的,处一年以上八年以下监禁。

三、过失犯第一款之罪的,处罚金或者一年以下监禁;过失犯第二款之罪的,处三个月以上三年以下监禁。

第四百一十条　未能对军事单位采取安全措施保障

一、军事官员在其职责范围以内,未能采取规定的、指令的或其他明显必要的措施,以保障军事单位安全,或者未能对由其负责的相关人员的生命及健康提供相应保护,或者未能防护或者保养相关战争设施、物品或装备,以使其维持在适当的战备状态,或者未能定期提供食品、军事装备,或者未能饲养、照料牲畜,或者未能按时、正确地进行修理工作或者对应予提供保护的军事设施提供相应的安全或者警卫保护,并因此危及公众生命健康安全或者具有较大价值财产的安全的,处三年以下监禁。

二、犯第一款之罪并因此造成他人严重身体伤害,或者严重财产损失,或者造成其他严重危害后果的,处六个月以上五年以下监禁。

三、犯第一款之罪并因此造成一人或者多人死亡的,处一年以上十年以下监禁。

四、过失犯第一款之罪的,处罚金或者一年以下监禁。

五、犯第四款之罪而造成第二款之后果的,处三年以下监禁;犯第四款之罪而造成第三款之后果的,处五年以下监禁。

第四百一十一条　不尽职地制造及验收武器和其他军事设备

一、军事人员或其他在生产国防必需品的企业法人组织中受委托而负责国防必需品的生产管理、技术加工及监管的公职人员,不尽职地执行受委托的任务,并因此导致武器、弹药或者其他军事装备不能按时制造,或未能达到规定质量标准的,处三个月以上三年以下监禁。

二、军事人员或者其他工作人员,不尽职地履行其职责,验收不合格的或未达到相关合同要求的武器或者军事装备的,依照第一款之规定处罚。

三、犯第一款、第二款之罪并因此造成严重危害后果的,处一年以上八年以下监禁。

四、过失犯第一款、第二款之罪的,处罚金或者一年以下监禁。

五、犯第四款之罪并因此造成第三款规定之后果的,处三个月以上三年以下监禁。

第四百一十二条　不当管理武器

一、不当保管、存储、处置属于军事单位或者军事机构的武器、弹药、爆炸物并因此造成上述物品严重破坏、毁损或者丢失的，处一年以下监禁。

二、武器、弹药、爆炸物以及其他战备物资的管理人员，未能对上述物品采取适当的安全措施或者养护措施，并因此造成上述物品严重破坏、毁损或丢失的，处三个月以上五年以下监禁。

三、犯第二款之罪并因此造成重大财产损失的，处一年以上十年以下监禁。

四、过失犯第二款之罪的，处罚金或者二年以下监禁。

五、犯第四款之罪并因此造成第三款之后果的，处三个月以上五年以下监禁。

第四百一十三条　非法处置受托管的武器

对受委托而供本人使用的用于国防目的的武器、弹药或者爆炸物，而予以挪用、丢弃、抵押、破坏、毁损或移交他人使用的，处三个月以上五年以下监禁。

第四百一十四条　盗窃武器或者部分作战装备

一、盗窃用于国防防御的武器、弹药、爆炸物或部分作战装备的，处六个月以上五年以下监禁。

二、如果第一款所涉及的被盗物品价值超过四十五万第纳尔的，或者侵入封闭的建筑物、房间、保险柜、柜子或者其他封闭设施实施盗窃的，或者以犯罪团伙形式实施盗窃的，或者以特别危险或者野蛮手段实施盗窃的，或者为攻击或者防御而在盗窃时携带武器或者危险器具的，或者在火灾、水灾或者类似的灾难发生时实施盗窃的，处二年以上十年以下监禁。

三、如果第一款所涉及的被盗物品价值超过一百五十万第纳尔的，处二年以上十二年以下监禁。

第四百一十五条　泄露军事秘密

一、未经授权泄露、移交，或者以其他方式向他人提供军事秘密情报的，或者意图将军事秘密情报移交给无权接触该情报而设法获取该情报的人员的，处六个月以上五年以下监禁。

二、犯第一款之罪，具有非法牟利之目的的，或者牵涉特别机密的情报的，或者在国外公布或者使用军事秘密的,处一年以上八年以下监禁。

三、过失犯第一款之罪的,处三年以下监禁。

四、本条所称军事秘密,是指由法规、其他规则,或者由有权依照法律而通过的决定所宣称为军事秘密的情报,该情报的泄露将会或者可能会对塞尔维亚的武装部队或者国家的防卫和安全造成损害。

五、第四款中的军事秘密,不包括命令实施严重侵犯人类基本权利、危害塞尔维亚宪法秩序以及国家安全犯罪的信息或者文件,也不包括意图隐瞒应被判处五年或者五年以上犯罪行为的信息或者文件。

第四百一十六条 未经授权进入军事设施

未经授权而擅自进入军事设施的,或者明知不被允许但却对军事设施或者战斗装备进行测绘、描画,或者对其拍照的,或者以其他方式对其进行摄影记录的,处三年以下监禁。

第四百一十七条 对在战争、武装冲突以及紧急状态期间犯罪的处罚

一、在战争、武装冲突及紧急状态期间,犯本法第三百九十四条第一款,第三百九十九条第一款和第四款,第四百条第一款和第三款,第四百零一条第一款、第六款和第七款,第四百零二条,第四百零三条,第四百零四条第一款和第二款,第四百零六条,第四百零七条第一款、第二款和第五款,第四百零八条第一款、第四款和第五款,第四百零九条,第四百一十条第一款和第四款,第四百一十一条第一款、第二款、第四款和第五款,第四百一十二条第一款、第二款、第四款和第五款,第四百一十三条,第四百一十四条第一款,第四百一十五条第一款和第三款以及第四百一十六条之罪的,处二年以上十年以下监禁。

二、在战争、武装冲突及紧急状态期间,犯本法第三百九十四条第二款至第四款,第三百九十七条,第三百九十八条,第三百九十九条第二款、第三款、第五款和第六款,第四百条第二款,第四百零一条第二款至第五款,第四百零四条第三款和第四款,第四百零七条第三款,第四百零八条第二款,第四百一十条第二款和第五款,第四百一十一条第三款,第四百一十二条第三款,第四百一十四条第二款和第三款以及第四百一十五条第二款之罪的,处三年以上十五年以下监禁。

三、在战争、武装冲突及紧急状态期间，犯本法第四百零七条第四款、第四百零八条第三款以及第四百一十条第三款之罪的，处十年以上监禁。

第四百一十八条　未能履行军事动员职责

一、军事人员或者公职人员在战争、武装冲突以及紧急状态的动员期间，违背其职责，未能确保被动员人员或者牲畜的接收、调配、食宿、运输或者转送，或者未能确保给被动员人员或者牲畜提供给养，并因此造成或者可能造成危害后果的，处一年以上五年以下监禁。

二、犯第一款之罪并因此造成严重危害后果的，处十年以上监禁。

三、过失犯第一款之罪的，处三年以下监禁。

四、犯第三款之罪并因此造成第二款中的危害后果的，处六个月以上五年以下监禁。

第四百一十九条　破坏军事和国防力量

一、在未经抵抗或者未用尽一切防御手段的情况下，破坏、毁损防御装置、国防设施、阵地、军火、其他军事或国防装备、船只或航空器，或者将其移交给敌人，或者让其部队向敌人投降的，或者以其他手段妨碍或危及军事或者国防设施的，处三年以上十五年以下监禁。

二、意图帮助敌人，犯第一款之罪的，处五年以上十五年以下监禁。

三、准备犯第一款和第二款之罪的，处一年以上六年以下监禁。

四、过失犯第一款之罪的，处一年以上八年以下监禁。

五、犯第一款和第二款之罪并因此造成一人或者多人死亡的，或者危及他人生命的，或者伴随有严重暴力行为的，或者造成大面积破坏的，或者危及国家安全及经济、军事力量的，处十年以上监禁。

第四百二十条　阻止与敌人作战

一、在战争及武装冲突期间，阻止塞尔维亚公民或者其盟国公民同敌人作战的，处五年以上十五年以下监禁。

二、在战争或者武装冲突期间，通过发放宣传材料或者以其他方式，阻吓塞尔维亚公民及其盟友同敌人作战的，处一年以上八年以下监禁。

第四百二十一条　叛逃及投降敌人

一、军事人员在战争或者武装冲突期间投敌叛变的，处十年以上监禁。

二、军事人员在战争及武装冲突期间，在未用尽一切防御手段的情况下向敌人投降的，处二年以上十年以下监禁。

第四百二十二条　为敌军服役

一、塞尔维亚公民，在战争或者武装冲突期间，为敌军服役，或者作为其战斗人员参与对抗塞尔维亚及其盟国的战争的，处三年以上十五年以下监禁。

二、招募塞尔维亚公民为敌军服役，或者使其作为战斗人员参与对抗塞尔维亚及其盟国的战争的，处五年以上十五年以下监禁。

第四百二十三条　帮助敌人

一、塞尔维亚公民，在战争或者武装冲突期间，帮助敌人征用、扣押粮食或者其他资源，或者帮助敌人对居民采取任何强制措施的，处二年以上十年以下监禁。

二、塞尔维亚公民，在战争期间与敌人在政治或者经济上合作的，依照第一款的规定处罚。

三、犯第一款和第二款之罪并因此造成一人或者多人死亡的，或者危及他人生命的，或者伴随有严重暴力行为的，或者造成大面积破坏的，或者危及国家安全及经济、军事力量的，处十年以上监禁。

第四百二十四条　在战斗中未能履行职责及擅离职守

一、军事人员在战斗中或者在战斗即将开始前未能履行职责，并因此给军事部队或者作战局势造成不利后果的，处二年以上十年以下监禁。

二、军事人员在战斗中或者在战斗即将开始前，任意地或者采取欺诈手段擅离职守的，依照第一款之规定处罚。

三、犯第一款和第二款之罪并因此造成严重危害后果，处十年以上监禁。

第四百二十五条　违抗命令放弃阵地

一、军事指挥官违抗命令，在尚未用尽一切防御手段的情况下，放弃其指挥的部队所防守的阵地的，处二年以上十二年以下监禁。

二、犯第一款之罪并因此造成严重危害后果的，处十年以上监禁。

第四百二十六条　过早抛弃受损的船只或者航空器

一、军事舰艇的指挥官在战争或者武装冲突期间，在尚未完全履行其所应担负的法定的管理军事舰艇的职责之前，抛弃受损舰艇的，处二年以上十年以下监禁。

二、军事舰艇的船员，在战争或者武装冲突期间，在船长下达弃船命令之前抛弃受损舰艇的，或者军事航空器的机组成员，在战争或者武装冲突期间，在未能完全履行其所应担负的航空器飞行或者使用职责之前抛弃受损航空器的，处一年以上八年以下监禁。

三、犯第一款之罪并因此造成严重危害后果的，处十年以上监禁；犯第二款之罪并因此造成严重危害后果的，处二年以上十年以下监禁。

第四百二十七条　削弱战斗士气

一、在战斗期间或者在战斗即将开始之时，通过在部队中挑起不满情绪，散布令人恐慌的消息，逃跑，抛弃武器弹药，激起或者散布恐怖气氛，或者以其他方式削弱战斗士气或对战斗局势造成不利影响的，处二年以上十二年以下监禁。

二、军事指挥官，在战斗期间或者在战斗即将开始之时，未能采取措施制止其下属或者下级军官在其部队中散布恐怖气氛，或者以其他方式削弱战斗士气或对战斗局势造成不利影响的，处一年以上八年以下监禁。

三、犯第一款和第二款之罪并因此造成严重危害后果的，处十年以上监禁。

第四百二十八条　未能向军事机关报告

一、军事人员在战争、武装冲突以及紧急状态期间，未能向上级军官或者高级军官或者军事指挥官通报明显需要采取紧急军事措施的事件的，处三年以下监禁。

二、犯第一款之罪并因此造成严重危害后果的，处二年以上十年以下监禁。

第四百二十九条　宣告惩戒性惩罚或者措施的条件

如果军事人员对塞尔维亚军队犯下罪行，并且法定刑为三年以下的监禁，法庭认为该犯罪情节特别轻微，并且迫于服役的紧急需要的，可以宣告适用依法规定的惩戒性惩罚或者措施，以代替刑事处罚。

第四百三十条　执行上级命令而构成的犯罪

下级军人不应因执行上级依照其职责所发布的命令而犯下的罪行而受到惩罚,除非该命令涉及应被判处五年及其以上监禁的犯罪,并且该下级知道遵守该命令构成犯罪。

第三编

附　则

第三十六章　过渡及结束条款

第四百三十一条

一、在本法生效之日，下列法律将废止：《基本刑法典》（南斯拉夫社会主义联邦共和国官方公告：Nos. 44/76，46/77，34/84，37/84，74/87，57/89，3/90，38/90，45/90，54/90；南斯拉夫联盟共和国官方公告：Nos. 35/92，16/93，31/93，37/93，24/94，61/01；塞尔维亚共和国官方公告：No. 39/03）和《塞尔维亚刑法典》（塞尔维亚社会主义共和国官方公告：Nos. 26/77，28/77，43/77，20/79，24/84，39/86，51/87，6/89，42/89；塞尔维亚共和国官方公告：Nos. 21/90，16/90，26/91，75/91，9/92，49/92，51/92，23/93，67/93，47/94，17/95，44/98，10/02，11/02，80/02，39/03，67/03）。

二、在本法生效之日，下列法律条款将废止：

（一）《国民议会代表选举法》（塞尔维亚共和国官方公告：Nos. 35/00，57/03，18/04）第一百零五条和第一百零七条；

（二）《放射性射线防护法》（南斯拉夫联盟共和国官方公告：Nos. 35/00，57/03，18/04）第四十五条；

（三）《禁止在南斯拉夫联盟共和国境内建设核电站法》（南斯拉夫联盟共和国官方公告：No. 12/95）第三条；

（四）《采矿法》（塞尔维亚共和国官方公告 No. 44/95）第九十二条；

（五）《反垄断法》（南斯拉夫联盟共和国官方公告 No. 29/96）第十二条；

（六）《税收程序和税收管理法》（塞尔维亚共和国官方公告 Nos. 80/02，84/02，23/03，70/03，55/04，61/05）第一百七十二条和第一百七十四条；

（七）《防止洗钱法》（南斯拉夫联盟共和国官方公告 No. 53/01）第二十七条；

（八）《塞尔维亚共和国银行法》（塞尔维亚共和国官方公告 Nos. 72/03，55/04）第八十七条；

（九）《海关法》（塞尔维亚共和国官方公告 Nos. 73/03，61/05）第三百三十条；

（十）《破产法》（塞尔维亚共和国官方公告 No. 84/04）第一百七十九条、第一百八十一条以及第一百八十二条；

（十一）《药品及医疗管理法》（塞尔维亚共和国官方公告 No. 84/04）第一百四十一条；

（十二）《公共和平与秩序法》（塞尔维亚共和国官方公告 Nos. 5/92，53/93，67/93，48/94）第二十四条；

（十三）《武器弹药法》（塞尔维亚共和国官方公告 Nos. 9/92，53/93，67/93，48/94，44/98，39/03）第三十三条；

（十四）《博彩法》（塞尔维亚共和国官方公告 No. 84/04）第九十七条；

（十五）《海洋与内水航行法》（南斯拉夫联盟共和国官方公告 Nos. 12/98，44/99，74/99，73/00）第一千零五十二条；

（十六）《贸易法》（南斯拉夫联盟共和国官方公告 Nos. 32/93，41/93，50/93，41/94，29/96，37/02）第四十六条之 a；

（十七）《证券和其他财政票据法》（南斯拉夫联盟共和国官方公告 No. 65/02 和塞尔维亚共和国官方公告 Nos. 57/03，55/04，45/05）第二百四十四条；

（十八）《武器及军事装备生产及贸易法》（南斯拉夫联盟共和国官方公告 No. 41/96）第三十一条；

（十九）《保险法》（塞尔维亚共和国官方公告 Nos. 55/04，70/04，61/05）第二百二十一条。

第四百三十二条

本法自二零零六年一月一日起开始生效。